Volker Fintelmann

Die Wiedergewinnung des Heilens

Volker Fintelmann

Die Wiedergewinnung des Heilens

Wege zu einer christlichen Medizin

Bibliographische Information der Deutschen Nationalbibliothek
Die Deutsche Nationalbibliothek verzeichnet diese Publikation in der Deutschen Nationalbibliographie; detaillierte bibliographische Daten sind im Internet über http://dnb.ddb.de abrufbar.

ISBN 978-3-95779-052-1

Erste Auflage 2017
Zweite Auflage 2017
Dritte Auflage 2018

Typographie und Satz: de·te·pe, Aalen
Umschlag: Frank Schubert, Frankfurt am Main
Titelabbildung: Christus heilt einen Gelähmten. Byzantinisches Mosaik aus der Kathedrale von Monreale, Sizilien.
Druck und Bindung: CPI Clausen und Bosse, Leck

FSC www.fsc.org
MIX
Papier aus verantwortungsvollen Quellen
FSC® C083411

Inhalt

Ich werde gehen den WEG,
der die Elemente in Geschehen löst.

Und mich führt nach unten zum VATER,
der die Krankheit schickt zum Ausgleich des Karma.

Und mich führt nach oben zum GEISTE,
der die Seele in Irrtum zum Erwerb der Freiheit leitet.

CHRISTUS
Führt nach unten und nach oben,
harmonisch Geistesmensch in Erdenmenschen zeugend.

(Rudolf Steiner im Pastoralmedizinischen Kurs)

1.
Was ist mit „christlicher Medizin“ gemeint?

Das für dieses Buch gewählte Motto ist ein Meditationstext aus dem Kurs zur Pastoralmedizin[1], den Rudolf Steiner im Herbst 1924 in Dornach für Ärzte und Priester der noch jungen Bewegung zur Erneuerung einer christlich-sakramentalen Religion, der „Christengemeinschaft“ hielt. Die Ärzte wiederum waren Mitglieder der auch gerade erst begründeten Medizinischen Sektion der Freien Hochschule für Geisteswissenschaft am Goetheanum in Dornach. Die Texte der neun Vorträge wurden lange Jahre nur auf Anfrage persönlich übergeben, ehe sie im Rahmen der Rudolf Steiner Gesamtausgabe (GA) der Öffentlichkeit zugänglich wurden. Dieser Pastoralmedizinische Kurs (GA 318), wie er in Kurzform genannt wird, war Steiners Grundlegung für eine zukünftige Medizin, deren Grundkomponenten er mit den Begriffen „spiritualisiert“ und „durchchristet“ bezeichnete. Trotz Anerkennung einer zu dieser Zeit neu gefassten, ganz auf die modernen Naturwissenschaften gestützten Medizin, die alles sinnlich Beobachtbare zum ausschließlichen Gegenstand ihrer Wissenschaftsmethodik machte, sah Steiner die unverzichtbare Notwendigkeit einer Ergänzung durch eine Geisteswissenschaft, die er „Anthroposophie“ nannte. Deren Hauptanliegen ist die bewusste Verbindung des Geistigen im Menschen mit dem Geistigen im Weltall. Anthroposophie kann so auch als Wissenschaft des Unsichtbaren in Ergänzung der Wissenschaften einer sinnlich-erfassbaren, „sichtbaren“ Welt bezeichnet werden, die wir gemeinhin Naturwissenschaften nennen. Dieser auch von mir erlebten gedanklichen Verbindung von dualen Erkenntniswegen bzw. -methoden, das Miteinander von Stoff und Geist oder – wie es im vorangestellten Meditationstext heißt – „Erdenmensch und Geistesmensch“ begegnete ich in einem Vortrag des schon hochbetagten Thure von Uexküll im Ärztlichen Verein der Ärztekammer Hamburg in dessen Worten: „Die Medizin hat im 20. Jahrhundert den Geist aus sich herausgetrieben. Und es wird höchste Zeit, dass sie ihn wieder hereinbittet“.[2]

In dem umfangreichen Werk Rudolf Steiners bin ich einer Christologie oder auch Christosophie begegnet, die mir immer deutlicher verstehbar machte, was ich in mir als „christlich“ erlebte, das mich jedoch in große Schwierigkeiten mit den verschiedenen christlichen Konfessionen brachte. Mein zunächst kindlich-jugendlich erlebtes Christsein fand keinen Widerhall im Protestantismus, in den ich durch meine Eltern hineingeboren wurde und in dessen Rahmen ich auch in der Dahlemer Dorfkirche in Berlin christlich getauft wurde. Schon im Vorkonfirmandenunterricht rieb ich mich an der weitgehend gedanklich vermittelten Hinführung zur göttlichen Trinität, am Katechismus, an der Mittelpunktorientierung auf die Kreuzigung und das Karfreitagsgeschehen hin und an dem Mangel, Ostern und die Auferstehung als das Zentralereignis real zu erfassen. Stattdessen wurden gerade durch einige Berliner Theologen die Evangelien entmythologisiert, es wurde das Bild vom einfachen Menschen Jesus von Nazareth gezeichnet und die göttliche Einwohnung in diesem durch Christus mit der Jordantaufe wie an den Rand gedrängt.

Noch schwerer hatte ich es mit dem Katholizismus, insbesondere mit dem dort gelebten Dogmatismus, der grauenvollen Geschichte der Christianisierung heidnischer Völker und der Inquisition. Dostojewskis Geschichte vom Großinquisitor, eingefügt in sein Monumentalwerk „Die Brüder Karamasow“, bestätigte mich in meiner inneren Distanz, auch, was ich als Flüchtling im Sudetenland an meinen überwiegend katholischen Klassenkameraden erlebte, die mich zum Beispiel baten, ihnen zu helfen, für die allfälligen Beichten Ideen zu entwickeln, die sie dem Beichtvater vortragen könnten. Und von beiden Konfessionen entfernte mich das Erleben der ihnen gemeinsamen, mächtigen Intoleranz sowohl untereinander als auch gegenüber Nichtchristen und Andersdenkenden, ebenso wie ihre Toleranz gegenüber dem Nationalsozialismus oder auch anderen Diktaturen. Die Diskriminierung der Frau in der Katholischen Kirche, der Einfluss der Psychoanalyse in der Protestantischen, die Glaubenskriege – alle diese Elemente erlebte ich als Kontrast zu dem, was in mir als Empfindung eines Christentums lebte, für das Toleranz, Mitgefühl (Empathie), der Blick auf meinen Nächsten und seine Bedürfnisse, vor allem jedoch Wahrheitssuche und Freiheit so entscheidende Elemente bilden, dass ihr Fehlen oder Negieren mich denken ließ: „Ohne sie kein Christentum“!

In der modernen Medizin, der ich zunächst im Studium und dann in den Lehrjahren des Arztberufes täglich begegnete und deren Teil ich zunehmend wurde, begegneten mir viele der Verhaltensweisen und Auffassungen, die ich eben mit Blick auf die christlichen Konfessionen schilderte:

- die Dogmatik einer Wissenschaft, in der nur akzeptiert wurde und wird, was sie zu denken oder praktizieren erlaubt („wissenschaftlich anerkannt“);
- die Aussonderung anderer medizinischer Systeme, die oft getragen sind von jahrhunderte-, ja jahrtausendealten Tra-

ditionen und als Alternative oder Glaubensmedizin, ja zum Teil auch als Paramedizin diskriminiert wurden;
- eine immer analytischere Auffassung vom Menschen als Zusammensetzung unglaublich vieler Teile, also ein Puzzlebild statt eines Gemäldes seiner Ganzheit;
- der immer deutlichere Verlust verbindlicher Ethik, beispielhaft gekennzeichnet am Ablegen des „Nil nocere", dieser wesentlichen Aussage im Eid des Hippokrates, der einmal für den Arztberuf verbindlich war: „Du darfst deinen Patienten keinen Schaden zufügen".

Dazu zählt auch die immer sichtbarere Haltung, an der Krankheit eines Menschen so viel als möglich zu verdienen, die Medizin also als Markt (miss-) zu verstehen; und schließlich auch die immer größere Distanz des Arztes zum Kranken, sein Verdrängtwerden durch Apparate. Das alles erlebte ich als ein zunehmendes Erkalten und ein ungeheures Missverständnis meiner Wahl des Arztberufes.

Ivan Illich, Jesuitenpater und Soziologe, hat die oben genannten Elemente einer aus seiner Sicht zur Kirche gewordenen medizinischen Wissenschaft mit größter gedanklicher Schärfe und zum Teil beißender Kritik in seinem Buch „Die Enteignung der Gesundheit" ausführlich dargestellt.[3]

Ich schreibe das alles, um deutlich zu machen, was in mir im Gegensatz dazu durch Steiners Forderung einer „Durchchristung der Medizin" angeregt und belebt wurde – und um anzudeuten, was ich mit „christlicher Medizin" meine. Es geht mir dabei gerade nicht um eine konfessionelle Medizin, sondern um eine durch und durch freiheitliche, in der die Einzigartigkeit jedes Menschen erfahren und zum Ausgangspunkt allen Handelns gemacht wird. Eine weitere Aussage Steiners, wonach „Christus unabhängig von konfessionellen Religionen für *alle* Menschen gekommen ist" wurde mir Leitbild: ER hat helfend in die Evolution der Menschheit eingewirkt, sie neu belebend und mit dem Freiheitsimpuls verbindend. Es ging ihm nicht um die Stiftung einer neuen Religion – das haben Menschen aus seinem Wirken gemacht – es ging ihm um das Heil der Menschen in ihrer Begegnung mit dem Göttlichen und den Gegenkräften, auch das Böse genannt (Steiner sprach auch von Widersachern). Christus begründete ein Menschenbild, indem er sich selber zum Bild des Menschen machte. Pontius Pilatus hat das in seinem „Ecce homo“ wahrgenommen, kaum vollbewusst, eher ahnend-intuitiv. Christliche Medizin beginnt daher aus meiner Sicht mit dem Schaffen eines Menschenbildes, das die Gliederung in Leib, Seele und Geist neu entdeckt, differenziert beschreibt und zugleich die göttliche Schöpfung in ihm erlebt.

Der erste Schritt ist somit ein Erkenntnisakt. Steiner nannte das in Vorträgen über „Die Geheimnisse der menschlichen Organisation“ „Menschenverständnis“. Christliche Medizin begründet jedoch auch eine ethisch-moralische Handlungswelt. Diese nannte Steiner an gleicher Stelle „Menschenliebe“. „Es gilt als die eigentliche Quelle des Moralisch-Geistigen in der Menschheit nur dasjenige, was man Menschenverständnis nennen kann, gegenseitiges Menschenverständnis, und die auf dieses Verständnis der Menschen gebaute Menschenliebe.“[4]

Achtmal habe ich zusammen mit meinem Freund Johannes Lenz, Pfarrer der Christengemeinschaft, ein dreitägiges Seminar „Wege zu einer Christlichen Medizin“ kontinuierlich Jahr für Jahr in der Carl Gustav Carus Akademie Hamburg durchgeführt. Die dort vorgetragenen Inhalte und das in Gesprächen aller Teilnehmer erlebte Verbindende bilden die Grundlage dieses Buchs. Es ist ein sehr bewusst persönlich gehaltenes Buch, es birgt die Essenzen meines eigenen Weges als Arzt, wo ich immer im Austausch mit Pfarrern oder Priestern stand, also ganz im Sinne von Steiners Pastoralmedizin. Es möchte den Leser Fragen erleben lassen, die vielleicht auch in ihm existieren, bewusst oder noch unbewusst. Es möchte Denkanstöße statt fertiger Antworten vermitteln und es möchte Wege aufzeigen, auf welchen die Medizin den Menschen in seiner Ganzheit wiederfindet, den sie methodisch durch ihr zergliederndes Denken aus dem Blick verloren hat. Und es möchte vor allem auch wieder eine Perspektive des Heilens eröffnen, das der modernen Medizin ebenso wie die Ganzheit Mensch verlorenging. Der Kardiologe Bernard Lown, der die Klassifikation der Herzrhythmusstörungen schuf und die Elektrostimulation des Herzens (Kardioversion) entwickelte, hat diesen Aspekt in seinem Buch „Die verlorene Kunst des Heilens“[5] ausführlich und auch sehr persönlich beschrieben. Denn Heilen ist mehr und auch etwas anderes als Gesundmachen. Eine Orientierung sollen dafür die Heilungsgeschichten der Evangelien geben, verbunden mit dem Blick auf die Entwicklungsgeschichte, in welcher die Menschen das Heilsein verloren haben.

Christliche Medizin ist also eine begriffliche Benennung eines Wegs, der die Medizin und vor allem alle in ihr beruflich Tätigen aus der Sackgasse führen möchte, in die sie durch die einseitige Festlegung auf eine rein naturwissenschaftliche, „objektivierende“ Wissenschaft geraten sind. Das wird natürlich auch große Konsequenzen für alle Menschen haben, die sich der Medizin anvertrauen oder oft auch ausliefern müssen, für jene Menschen, die wir im Allgemeinen „unsere Patienten“ nennen. Deshalb hoffe ich, dass dieses Buch auch von letzteren gelesen wird. Denn meine Hoffnung auf eine veränderte, „menschengerechtere“ Medizin ruht darauf, dass sie aus den Forderungen der Patienten entsteht. Es ist in der gegenwärtigen Zeit schwer vorstellbar, dass sich das festgefahrene System der Medizin aus sich heraus metamorphosiert. Zu stark scheinen mir die selbstangelegten Fesseln, als dass nicht Hilfe von außen kommen müsste, um sie zu lösen. Zu schwach sind auch Einsicht und Wille der Ärzte, im Blick auf die Bedürfnisse ihrer Patienten etwas zu ändern. Wenn die Ärzte rebellierten, was selten genug geschah, dann eigentlich immer nur, wenn es um die Neufassung ihrer Gebührenordnung und eine befürchtete Schmälerung ihrer Einkommen ging. Ich habe nicht erlebt, dass Ärzte einmal für ihre Patienten auf die Straße gingen, zum Beispiel dann, als weitgehend alle Arzneimittel der Komplementärmedizin von der Erstattung gesetzlicher Krankenkassen ausgeschlossen wurden. Wie anders das einmal gedacht wurde, zeigt die 1982 bei der Generalversammlung des Weltärztebundes in Lissabon verabschiedete Deklaration:

> *„Ein Arzt sollte immer, auch angesichts faktischer, ethischer und rechtlicher Schwierigkeiten, seinem Gewissen folgen und nur dem Wohle des Patienten dienen. Die folgende Deklaration enthält einige der wesentlichen Grundrechte, welche die Ärzte für die Patienten sicherstellen wollen. Wenn die Gesetze oder die Regierung eines Landes dem Patienten diese Rechte durch Maßnahmen vorenthalten, sind die Ärzte gehalten, geeignete Mittel und Wege zu suchen, diese Mittel dennoch zu gewähren.*
>
> - *Der Patient hat das Recht auf freie Arztwahl.*
> - *Der Patient hat das Recht, von einem Arzt behandelt zu werden, der seine klinischen und ethischen Entscheidungen frei und ohne Einfluss von außen treffen kann.*
> - *Der Patient hat das Recht, einer Behandlung nach angemessener Aufklärung zuzustimmen oder sie abzulehnen.*

- *Der Patient hat das Recht, zu erwarten, dass der Arzt über seine medizinischen und persönlichen Daten Schweigen bewahrt.*
- *Der Patient hat das Recht, in Würde zu sterben.*
- *Der Patient hat das Recht auf geistige und moralische Unterstützung, die er auch ablehnen kann; das schließt das Recht auf den Beistand eines Geistlichen seiner Religion ein".*

2.
Der Arzt als Leibsorger

So sehr man versucht sein kann, das Körperliche, den Leib des Menschen als vergänglich und damit weniger bedeutsam für sein ewiges Leben als die unsterbliche Seele und den über alle Zeiten andauernden Geist anzusehen, so sehr ist in Wirklichkeit der Leib der vollkommenste Aspekt der Schöpfung Mensch. An ihm haben die schöpferischen oder eben göttlichen Kräfte von Beginn an gearbeitet, er wurde immer im Bild eines Tempels gesehen. Und ihn neiden die Widersacher den Göttern, weil sie Vergleichbares nicht schaffen können. Alle Versuche im Ausdruck von Technik und Kunst sind stümperhaft im Vergleich mit dem Menschenleib, und das ist den widerstrebenden Mächten bewusst. Deshalb versuchen sie auch, sich dieses Leibs zu bemächtigen. Die moderne Medizin ist einer ihrer großen Helfer dieses Ansinnens.

„Der Körper ist nicht des Menschen, der Körper ist Gottes", sagt Steiner in Vorträgen zu jungen Ärzten und Medizinstudenten.[6] Er beschreibt schon früh in Vorträgen zu einer geisteswissenschaftlich („okkult") erforschten Darstellung des gesunden Menschen („Physiologie")[7] und dann ganz am Ende seiner Vortragstätigkeit 1924 im Pastoralmedizinischen Kurs[8] den Beruf des Arztes als einen Gottesdienst. Was überhaupt nicht heißt, als Priester oder Pfarrer zu wirken, sondern im Dienste der Schöpfung am Gesundsein und Gesunderhalten (Salutogenese) des menschlichen Leibes verantwortlich mitzuarbeiten. So wie der Priester oder Pfarrer Seelsorger sein soll, ist der Arzt berufen zur Leibsorge. Und das ist eine tief bedeutsame und hoch verantwortungsvolle Berufung. Denn: „Der Leib hat einen dem Denken entsprechenden Bau".[9] Dieser Satz aus Steiners „Theosophie" macht die Bedeutung unseres Leibes klar. Alles Erkennen, das in unser Denken mündet, braucht einen ihm entsprechenden, das heißt „gesunden" Bau. In unserem Denken ist unser Ich tätig, mit ihm reflektiert es seine Begegnungen mit der Welt und mit sich selbst (Selbsterkenntnis). Der Leib bildet dem Ich die Werkzeuge („organon", griechisch Werkzeug), die es zu seinem differenzierten Denken braucht. Alle Organe und die Organsysteme wie Blut, Muskulatur, Zentralnervensystem, Knochen- und Bindegewebe sind vielgestaltige Werkzeuge für das Ich, damit es erkennend tätig sein kann. Und jedes Organ hat für das Denken einen ganz eigenen Aspekt. Wir brauchen für das Denken nicht nur das Gehirn, wir denken mit dem ganzen Körper. Dieser, als Organismus bezeichnet, kann – um im Bilde zu bleiben – als die Werkstatt des Ich angeschaut werden, in welcher jedes Organ ein bestimmtes Werkzeug bildet, mit dem das Ich seine Erkenntnis der Welt, seine „Weltanschauung" schöpferisch bildet, so wie der Tischler seine Möbel oder der Schuhmacher die Schuhe. Dieses schaffende Ich, das im Erkennen die Welt mitschafft und auch verändert, braucht gleichermaßen den ihm entsprechenden Bau seines Leibes, ebenso wie das empfindende und fühlende Ich, das als Kern oder auch Frucht in der Hülle der Seele lebt und wirkt. Solcherart muss eine wirkliche Psychosomatik angeschaut werden, und eigentlich kann es keine Medizin vom Menschen geben, die nicht psychosomatisch ist.

Immer stärker schieben sich heute Erkrankungen in das soziale Leben, die als „psychisch" bezeichnet werden, weil äußerlich erkennbare krankhafte Veränderungen an den Organen nicht feststellbar sind. Und doch sind auch sie „organisch“, weil das gesunde Wechselverhalten, die Interaktion von Seele und Leib gestört, nicht gesund ist. Dazu zählen auch sogenannte Verdauungsstörungen („Funktionelle Dyspepsie“), Unverträglichkeiten gegenüber Nahrungsmitteln, Reizmagen und Reizdarm, kurz alle Erkrankungen, die wir heute funktionell nennen, und die immer noch nicht wirklich ernstgenommen werden. Das Gestörtsein des Leibes entzieht sich hier weitgehend einer sinnlich-manifesten Objektivierung. Und so werden sie gerne als „nicht-organisch“ oder als Befindlichkeitsstörungen abgetan. Nimmt man jedoch ernst, dass auch in diesen leiblichen Störungen das Ich in seiner Tätigkeit behindert wird, dass sein Erkennen der Welt, der Mitmenschen und auch seiner selbst dadurch verzerrt oder verfälscht werden kann, bekommen auch diese scheinbar *nur* funktionellen Erkrankungen für den Arzt die Aufgabe, sie zu heilen, um den gesunden Organismus als Voraussetzung für ein frei wirkendes Ich wiederherzustellen und zu befestigen.

Der Leib ist schon dem Verständnis der naturwissenschaftlichen Medizin nach ungeheuer komplex. Wie ist doch jedes Gewebe von besonderer Art („Parenchym“), wie staunenswert sind die Architekturen z. B. eines Leberläppchens, eines Nierenglomerulums oder auch die Knochenstrukturen. Welche Welt voller Wunder betreten wir mit der Betrachtung des Leibes, makroskopisch wie mikroskopisch. Welche Schönheit begegnet uns durch ihn, welche Weisheit der Schöpfung. Wie kann ich es als selbstverständlich nehmen, in welcher Weise der gesunde Organismus in allen Vorgängen geregelt ist, wie er sich auch begrenzt, wie Vergehen und Entstehen im Gleichmaß geschehen. Ich kann das nur staunend erfassen, und mich ergreift tiefe Ehrfurcht vor dieser Vollkommenheit. Diese beiden Eigenschaften, *Staunen* und *Ehr-*

furcht, als notwendige Voraussetzungen der Begegnung des Arztes mit dem Leib des Patienten müssen neu entdeckt und auch geschult werden, will der Arzt seiner Berufung als Diener in der Mitarbeit an der Schöpfung Leib gerecht werden.[10] Denn diese ist nicht abgeschlossen, ihre Wirklichkeit ist das Werden, nicht das Gewordene. Nur scheinbar ist ein Schienbein immer das gleiche. In Wirklichkeit befindet es sich in dauerndem Abbau und Wiederaufbau, es ändert sich in seiner Stofflichkeit, in seiner Struktur und letztlich auch in seiner Form oder Gestalt. In der Kindheit und Jugend kann man dem geradezu zusehen, später sind die Vorgänge äußerlich so verlangsamt, dass sie als unverändert erscheinen. Doch im Feinstofflichen, mikroskopisch erfassbar, dauert die Veränderung an, setzen sich Abbau und Aufbau fort. Und im Alter werden die Vorgänge wieder anschaulicher in den vielfachen Deformationen, dem Schrumpfen oder der stark verlangsamten Regeneration.

Wir stoßen auf die allem zugrundeliegenden Funktionen, die wir schon Abbau und Aufbau oder auch *Regeneration* nannten, die als Stoffwechsel bezeichnet werden, als Bildung von „Säften", Zellen oder Hormonen. Auch hier erleben wir eine staunenswerte Fülle von Tätigkeiten, die wir dem Leben zuordnen, weil es sie im Leichnam so nicht mehr gibt. Sie äußern sich quantitativ, wenn wir lernen, dass unsere Nieren weit mehr als 100 Liter Primärharn bilden, von dem durch Rückresorption der größte Teil wieder in den Organismus aufgenommen wird und von dem wir nur etwa ein bis zwei Prozent wirklich ausscheiden; oder dass die Speicheldrüsen etwa 1,5 Liter Speichel täglich bilden; wir mehr als 25 000 Atemzüge der Ein- und Ausatmung in 24 Stunden tun, und das Herz noch viermal mehr Pulsschläge als Ausdruck seiner Arbeit im Zusammenziehen (Systole) und Wiederausdehnen

(Diastole) leistet, also rund hunderttausend Schläge in 24 Stunden. Sie äußern sich auch qualitativ, z. B. in der Elastizität unserer arteriellen Gefäße, des Knorpels, ja auch der Knochen; in der Kontraktilität der Muskulatur, die in der sogenannten glatten Muskulatur eine dauerhaft an- und abschwellende Form z. B. als Peristaltik des Magens und der Därme annimmt; oder als weiteres Beispiel der Viskosität des Blutes, das in einem ständig labilen Gleichgewicht von Gerinnung und Verflüssigung gehalten wird.

Und der Leib bildet in sich *Empfindsamkeit.* Bekannter Ausdruck hiervon ist der Schmerz, aber auch die große Welt unserer Emotionen, von Leidenschaft, Antrieb, Instinkten oder Begehren. Für alles Empfinden findet sich kaum noch sinnlich Beobachtbares in organischen Veränderungen, durch die Empfindung bildet sich Subjektivität, die sich dem Mess-, Zähl- und Wägbaren und deren Objektivität entzieht. Und doch liegen auch dem Empfinden organische Vorgänge zugrunde, die wir noch angedeutet in Redensarten erleben, wenn uns das Wasser im Munde zusammenläuft, etwas an die Nieren geht, einem die Galle überläuft. Der Empfindungsleib ist der leibliche Ort, an dem sich Leib und Seele begegnen, sich kurz verschmelzen, sich wieder trennen, was als Ein- und Ausatmen anschaulich wird. Nur müssen wir die Atmung viel umfassender denken als nur reduziert auf Lungenatmung. Denn jedes Organ atmet, ist differenzierender Träger der Empfindung, Ort des Erlebens der Seele in der Begegnung mit dem Leib. Die Organe sind Tore der Seele zur Welt, aber auch Spiegel für ihr Selbsterleben.

Dreifach also ist der Leib gegliedert: stofflich, lebendig und empfindend. Und mittels der Wärme durchdringt ihn das Ich, jeden Ort bis zur einzelnen Zelle prägend und ihn sich „entsprechend" zu machen, wie es durch die Immunologie auch längst entdeckt und beschrieben wurde. So ist der gesunde Leib ich-geprägt, nichts in ihm ist fremd oder darf sich verfremden, alles in ihm ist auf Integrität veranlagt, bildet über das Ich Individualität. Der schwedische Immunologe Prof. Hans Wigzell formulierte es einmal auf einem Kongress in Järna/Schweden so deutlich: „Alle Fakten zeigen, dass das Immunsystem jedes Menschen einzigartig ist. Und es gibt keine Kopie von ihm". Die Individualität schafft sich ein äußeres Erscheinungsbild in der Biografie. Auch in ihr wird die Unverwechselbarkeit und Einzigartigkeit jedes Menschen deutlich. So müsste sie wesentlicher Bestandteil der Medizin werden, im individuellen Verständnis von Kranksein, dem ganz speziellen Weg einer Heilung, der individuellen Art einer Gesundheit. Jeder Versuch einer kollektiven Erkenntnis führt vom Menschen weg, schafft Illusionen.

Christliche Medizin heißt also immer auch individualisierende Medizin. Was durchaus erlaubt, Artmäßiges oder Typisches vom Menschsein in den forschenden Blick zu nehmen, doch immer im Bewusstsein, dass hiermit Grundsätzliches festgestellt wird, seine Anwendbarkeit auf den konkreten Menschen jedoch stets überprüft werden muss und ihm nicht einfach übergestülpt werden darf. Hier liegt die Einschränkung einer Evidenz-basierten Medizin, die sich als sogenannter Goldstandard der erkennenden Medizin weit von der Wirklichkeit Mensch entfernt hat, sich jedoch als dogmatisch geprägte Haltung wie in einer geschlossenen Burg gegen jede Öffnung verteidigt. Der englische Arzt David Sackett, der diesen Begriff bildete, wusste das und stellte der äußeren Evidenz eine innere gegenüber. Sie zusammen bildeten für ihn erst eine Wirklichkeit ab.[11]

Der zukünftige Arzt muss sich also in zweierlei Richtung neu ausrichten, um den Leib und seinen Anteil an der Ganzheit Mensch wirklich anschauend zu erfassen. Er muss eine Physiologie als Ausdruck des gesunden Menschen erarbeiten und so in sich zur Anschauung bringen, dass er die Veränderung zur Krankheit als Abweichung oder Vereinseitigung erfasst und im Durchschauen dieser krankhaften Vorgänge sogleich entdeckt, welche Maßnahmen ergriffen werden müssen, um wieder geordnete bzw. gesunde Verhältnisse herzustellen. Und er muss sich zugleich in seiner ethisch-moralischen Tätigkeit schulen, um Diener seiner Berufung sein zu können.

Beides soll nur kurz erläutert werden. Wieder wird dabei das Verständnis einer hier gemeinten christlichen Medizin zugrundegelegt und die eigene Erfahrung dieses Weges miteinbezogen.

Menschenverständnis

Um seinen diagnostischen und therapeutischen Blick für den Menschen zu schulen, muss der Arzt sein Erkennen methodisch erweitern. Er kann nicht bei dem stehenbleiben, was ihn die universitäre Medizin lehrt. Deren Methode ist eine *analytisch-beweisende*, die misst, zählt und wägt, die Objektivierbarkeit anstrebt und alles Subjektive ausschließen will. Dabei bemerkt sie nicht, wie sehr sie den Menschen zu einem Objekt macht. Und sie nimmt ihn immer weniger direkt mit den menschlich zur Verfügung stehenden Sinnesorganen wahr, sondern delegiert das Wahrnehmen an Apparate, deren Mitteilungen sie als Ergebnisse registriert und vor allem interpretiert. Womit die scheinbar reine Objektivität oft schon verlassen wird und sich die Subjektivität des Interpretierenden einmischt. Es gibt viele Untersuchungen, wonach ein objektiver Befund von verschiedenen Ärzten unterschiedlich bewertet wird. Auch scheint die jeweilige Befindlichkeit und Gestimmtheit des Beurteilenden die Interpretation der Ergebnisse zu beeinflussen. In meinem Spezialgebiet etwa, der Gastroenterologie, kamen verschiedene Spezialisten bei der Beurteilung eines gastroenterologischen Befundes am gleichen Patienten nur zu einer Übereinstimmung von maximal 80 Prozent, oft lag die Übereinstimmung aber niedriger. Auch das durchaus objektiv gemessene und aufgezeichnete Elektrokardiogramm (EKG) kann bis heute nicht rein maschinell bewertet werden, stets ist es der Arzt, der das Ergebnis interpretiert. Dennoch sind diese diagnostischen Maßnahmen nicht falsch oder gar überflüssig, doch sind sie einseitig und unvollständig zum Verständnis eines konkreten Menschen.

Einen ergänzenden Schritt habe ich die *anschauend-vergleichende* Methode genannt. Sie erfasst vor allem alle Lebensvorgänge und die mit ihnen verbundene Funktionalität. Ein einfaches Beispiel hierfür sei der Unterschied des einmalig bestimmten Nüchtern-Blutzuckers im Verhältnis zum Blutzucker-Tagesprofil. Noch aussagekräftiger jedoch ist ein Glukose-Belastungs-Test. Ähnlich sehe ich das Verhältnis vom Einzelwert des Kreatinins zur Kreatinin-Clearance. Die noch außerhalb des Menschen messbaren Vergleiche müssen jedoch gesteigert werden zu einer unmittelbaren *Anschauung* des anderen Menschen. Früher nannte man das auch den klinischen Blick, und es gab Lehrvisiten oder auch Atlanten, die einen lehrten, die Veränderungen in der unmittelbaren Anschauung des erkrankten Menschen gegenüber dem gesunden aufzufassen. Ich will hier nicht in Einzelheiten gehen, doch ist es für mich eindeutig, dass der geschulte Arzt Wesentliches am Patienten exakter wahrnimmt als jeder

Apparat. Das war im Übrigen vor 50 Jahren auch gemeinsame Überzeugung erfahrener Ärzte. Nach Einführung der Ultraschalldiagnostik in der Gastroenterologie fragte ich den damals mit dieser Methode erfahrenen Prof. Rettenmaier von der Universität Erlangen, wie hoch er denn selber den Anteil der Aussagekraft seiner Befundung in der eigenen klinischen Erfahrung sähe? Er lächelte und antwortete: „Mehr als 90 Prozent"!

Wir bleiben der naturwissenschaftlichen Methode treu, sinnlich Erfahrbares über die geschulte Beobachtung wahrzunehmen. Doch macht das so Wahrgenommene etwas mit mir als Wahrnehmenden, das über die einfache Registrierung oder Interpretation hinausgeht. Ich bemerke an mir, wie in mir Gefühle, z. B. der Empathie, des Mitfühlens oder auch des Mitleids geweckt werden, und damit unmittelbar verbunden der aufkommende Wille, hier helfend eingreifen zu wollen. Diesen Impuls nannte Steiner den Heilwillen.

Und ich gehe noch einen methodischen Schritt des Erkennens weiter. Ich trete dem Patienten *physiognomisch-beschreibend* gegenüber. Hier nun verbleibe ich nicht mehr nur in reiner Sinneswahrnehmung, sondern hier greift meine Intuitionsfähigkeit ein, die mich Wirklichkeiten erkennen lässt, die über das hinausgehen, was meine Augen unmittelbar sehen, meine Ohren hören oder mein Geruchssinn riecht. So wurde mir auch verstehbar, was in den Evangelien angesprochen wird, wenn es heißt „Wer Ohren hat zu hören, der höre" oder auch „Wer Augen hat zu sehen, der sehe". Ich kann auch das Bild nehmen, sozusagen zwischen den Zeilen zu lesen oder in einer Anamnese das vom Patienten Nichtgesagte zu hören. *Intuition* ist ein vielfach und unterschiedlich gebrauchter Begriff. Für mich wurde Intuition die erlebte Fähigkeit, innerlich etwas wahrzunehmen oder aufzufassen, was äußerlich nicht in Erscheinung tritt. Diese Intuitionsfähigkeit erfasst grundsätzlich Ganzheiten, sie ist nicht aufs Detail gerichtet. Ich kann sie lernen bzw. schulen, vor allem durch sorgfältige Beobachtung und die daraus gewonnene Erfahrung und ständige Wiederholung (Reproduktion) beider. Steiners Untertitel seiner „Philosophie der Freiheit" wurde mir dafür Leitbild: „Seelische Beobachtungsresultate nach naturwissenschaftlicher Methode". In der Intuition erlebe ich den Unterschied von Abstraktion und Anschauung, und ich war immer wieder fasziniert, welche Sicherheit mir eine intuitiv gefasste Wahrnehmung oder auch Diagnose gab.

Als ein Beispiel hierfür soll eine charakteristische Krankengeschichte eingefügt werden. Ein gut 60-jähriger Mann wurde auf Intervention seines väterlichen Freundes, der mein Patient war, aus einer anderen Klinik in unser Krankenhaus und die von mir geführte Innere Abteilung verlegt. Er war schwer krank, tendenziell kachektisch (unterernährt), vor allem physisch kraftlos. Alle bisherigen Versuche der körperlichen Erkräftigung vor allem mit Infusionen waren erfolglos geblieben. Wir fanden schnell heraus, dass ein großer Nebennierentumor und zahlreiche Rundherde in beiden Lungen existierten. Was den intuitiven Menschen in mir aber geradezu ansprang, war die unglaubliche Finsternis, die von diesem Menschen abstrahlte. Das war umso auffälliger, als er ein warmherziger, sensibler, für mich sehr liebenswerter Mensch war. Aus meinem Verständnis war diese Ausstrahlung von Finsternis ein unmittelbarer Hinweis auf eine Tuberkulose.[12] Nun war der Patient Jurist und Vorstandsmitglied eines Großunternehmens. Ich konsultierte deshalb auch zu meiner Kontrolle einen der besten Hamburger Lungenfachärzte und teilte ihm meine Vermutungsdiagnose mit. Er untersuchte den Patienten gründlich einschließlich Bronchoskopie und

Gewebsproben. Er war sicher, dass es sich um einen Nebennierenkrebs mit Lungenmetastasen handelte und schlug eine entsprechende Therapie mit Operation und Zytostatika vor. Er blieb auch bei seiner Diagnose, als sich in den Gewebsproben kein Krebs zeigte, was nach einigen Tagen feststand. Ich hatte mittlerweile mit dem Patienten gesprochen und ihm beide Diagnosen mitgeteilt und auch mein Dilemma gesagt, dass ich intuitiv sicher sei, dass es eine Tuberkulose sei und ich ihn den dafür notwendigen Weg der Therapie führen könnte, der Spezialist allerdings von Krebs ausging. Was von außen geschaut auch viel wahrscheinlicher war, denn Tuberkulose war zu der Zeit bei uns äußerst selten, Krebs dagegen häufig. Der Patient allerdings vertraute mir und meiner Diagnose und wir machten uns auf den therapeutischen Weg. Und die rasch folgende Besserung seines Befindens gab uns recht, mehr noch die nach etwa sechs Wochen folgende Nachricht, dass in einem durch den Lungenfacharzt sicherheitshalber angesetzten Tierversuch tatsächlich Tuberkelbakterien nachgewiesen wurden. Der Patient wurde gesund bis auf eine Einschränkung der Nebennierenfunktion, hier mussten wir in geringer Dosierung Hormone substituieren. Wir konnten die Therapie ganz auf eine Konzeption der anthroposophischen Medizin aufbauen und brauchten dazu keine chemisch-definierten Tuberkulostatika.

Finsternis und Licht sind Elemente des ersten Tages der Schöpfung (Mos. 1,1). Sie waren eins, ehe Gott das Licht von der Finsternis trennte und selbstständig machte. Seither bilden Licht und Finsternis eine Polarität. Letztere bewirkt alle Schwere, auch die Schwerkraft der Physik ist Ausdruck der Finsterniskraft. Das Licht dagegen bewirkt „Leichte“, es führt in die Weite, während die Finsternis alles verdichtet und auf einen Mittelpunkt zuführt.

Da es sich um Kraftwirkungen handelt, können wir auch von peripherisierenden und zentralisierenden Kräften sprechen. Beide wirken auch in uns, die Schwere mehr im Körper, die Leichte mehr in der Seele. Wir *brauchen* beides. Diese geistigen Wirkkräfte innerlich zu erfahren und zur Anschauung zu bringen, braucht meditative Schulung und fördert die Befähigung zur Intuition. Steiner hat einen berufsspezifischen Meditationstext vermittelt, in welchem die Schweremacht des Körpers und die Leichtekraft der Seele in ihren harmonisch-göttlichen Zusammenhang gestellt werden. Sie müssen sich im Menschen begegnen, dürfen sich aber nicht verbinden oder durchmischen („ergreifen und durchdringen" heißt es im Text). Tun sie es, entsteht Krankheit.[13] Überwältigt die Finsternis das Licht, bildet sich das Milieu für die Tuberkulose oder auch die Depression.[14] Das Bild des Arztes kann auch sein, dass die Gesetzmäßigkeit des Körpers die der Seele überwältigt. Der Leser kann erahnen, welche therapeutische Intuitionen durch diese Bilder in uns entstehen können, das Licht zu intensivieren, die Seele zu befreien, ein ganz anderes inneres Erlebnis jedenfalls als die leitliniengerechte Verordnung von Tuberkulostatika oder Antidepressiva. Was wiederum erfordert, auch die Besonderheiten der Erdenstoffe zu studieren und zur inneren Anschauung zu bringen, z. B. Phosphorus als Lichtträger, Magnesium als metallgebundenes, hellstes Licht. Hier verstehen wir Paracelsus in seinem Anruf, der Arzt müsse „durch der Natur Examen gehen".

Auch die Erde wurde durch das Geschehen von Golgatha und Ostern mit der Christuskraft durchdrungen, sowohl mit Leib und Blut als auch durch das Eindringen bis zum Erdmittelpunkt in der sogenannten Höllenfahrt am Karsamstag. Darüber werde ich später in einem eigenen Kapitel schreiben, denn das Verständnis der Arznei aus Natursubstanzen braucht ebenso die Durchchristung wie das Verständnis vom Menschen und seiner vielgegliederten Ganzheit in Leib, Seele und Geist.

Menschenverständnis, wie es hier als Anteil einer christlichen oder eben durchchristeten Medizin gemeint ist, braucht die geschulte Wahrnehmung durch alle Sinne, deren Zwölfheit Rudolf Steiner ausarbeitete, braucht Exaktheit im Beobachten, Vorurteilslosigkeit im Begriffebilden, geduldiges Wiederholen immer gleicher Erkenntnisbemühungen und Selbstlosigkeit gegenüber dem anderen Menschen bzw. der Natur. Diese soll sich ihm aussprechen, nicht ich soll sie aus dem Eigenen beurteilen oder gar interpretieren. So kann man Steiner verstehen, der die Medizin eine großartige Erziehung zur Selbstlosigkeit nannte, was doch mit Blick auf unsere Gegenwart geradezu als paradox oder sogar widerlegt erscheint. Doch ist die von Steiner gemeinte Selbstlosigkeit unverzichtbare Voraussetzung einer christlichen Medizin, oder wie Paulus es aussprach „Nicht Ich, der Christus in mir“ (Galater 2,20) oder – wie ich es sehe, statt „in mir“ – „in meinem Ich“, das ja auch mein Selbst beschreibt. Sehen mit Christi Augen, hören mit Christi Herz bzw. Ohren setzt Selbstlosigkeit voraus (siehe Kapitel 10).

Menschenliebe

Selbstlosigkeit ist auch die Voraussetzung um lieben zu können. Dabei verstehe ich hier Selbstlosigkeit so, dass ich ein Selbst als Ich ausgebildet haben muss, welches ich zurückstelle, um bei dem anderen zu sein, ja vielleicht in seinen Dienst stelle, damit er durch mich werden kann, z. B. gesund. Dazu wieder ein Christuswort: „Liebe deinen Nächsten so wie dich selbst“ (Luk. 10,25–28). Wer sich nicht selbst zu lieben lernte, wird auch nicht andere/anderes lieben können. Deshalb ist die Kindheit und Jugend auch eine so wichtige Zeit, das Selbst auszubilden und zu lernen, Ja zu sich zu sagen. Von außen angeschaut eine Zeit starker Egoität. Ich habe meine fünf Kinder in deren Kindheit oft liebevoll „meine kleinen Egoistentierchen“ genannt, denn dieser Egoismus ist noch nicht seelengebunden oder Ich-geprägt, sondern leibbildend. Der von Eltern und Vorfahren gebildete und vererbte – ich könnte auch sagen geschenkte – Leib (den Steiner auch so anschaulich Modell-Leib nennt), muss ja über zwei Jahrzehnte zu einem Individual-Leib werden, einem Leib, in dem jeder Ort, jede Flüssigkeit, alle Bewegung vom Ich ergriffen und einzigartig, unverwechselbar wird. Ein Geschehen, das wir dann abstrakt Immunsystem oder erworbene Immunität nennen. In den allerersten Anfängen meiner Lehrzeit zum Arzt, noch als Medizinalassistent vor der eigentlichen Approbation, durchfuhr mich beim Zuschauen einer äußerst ruppigen Blutentnahme aus einer Armbeugenvene, die der Chefarzt selbst durchführte (es war eine Privatpatientin), der fragende Gedanke: „Liebst du eigentlich den Menschen“? Womit mir schlagartig bewusst wurde, dass ich Arzt nur sein kann, wenn ich den Menschen liebe. Nicht den Einzelnen, sondern den einzelnen Menschen als göttliche Schöpfung. Da hatte ich Steiners Aussage noch nicht gelesen. Später las ich bei Carl Gustav Carus: „Jeder Mensch, ja jede Kreatur ist eine Idee Gottes. Und alle sind gleich wert“.[15] Und damit sind wir bei der ethisch-moralischen Seite der Medizin, die heute nicht mehr vermittelt wird, die jedem selbst überlassen bleibt, die aber eine der beiden Hauptwurzeln einer christlichen Medizin ist.

Es war kein Ritual, wenn man den Arzt vor der Erlaubnis, den Beruf ausüben zu dürfen, den Hippokratischen Eid sprechen ließ. Es war ein Gelöbnis und zugleich Handlungsanweisung. Und es war das alle Ärzte verbindende ethisch-moralische Element. Mit Auslöschen der Hippokratischen Medizin, die zur Humoralpathologie verkommen war, wurde auch dieser Eid nicht mehr gesprochen. Heute kennt ihn wohl kaum noch jemand. Und nichts anderes, gemeinsam Verbindliches ist an seine Stelle getreten. Es ist erschütternd auszusprechen, dass sich die Medizin seit dem 20. Jahrhundert zunehmend in einem ethikfreien Raum bewegt. Tauchen ethische Fragen auf, wie z. B. die Definition des Hirntodes als endgültiger Tod des Menschen auch beim Fehlen „sicherer" Todeszeichen (wie sie jeder Arzt im Studium lernte), werden für eine solche Einzelfrage Ethik-Kommissionen gebildet, in denen keineswegs nur Ärzte, sondern auch andere Berufe, vor allem Juristen, mitwirken.

Eine Medizin ohne verbindende Ethik ist unchristlich. Denn das ganze Christentum ist getragen von einer Ethik, welche die zehn Gebote, die Moses vermittelte, zusammenfasst und übergreift in dem einen Gebot, das Christus uns gibt: „Liebet einander" (Joh. 15,12–13). So einfach das klingt, so unerfüllbar scheint dieses Gebot seit 2000 Jahren, heute mehr denn je, wo die apokalyptische Zeit des „Krieges Jeder gegen Jeden" angebrochen scheint. Und dennoch: gerade weil es so aussichtslos scheint, muss an besonderen Stellen mit der Umsetzung dieses Gebots begonnen werden. Und wo wäre das naheliegender als in der Medizin? Vielleicht noch in der Pädagogik, viel unvorstellbarer dagegen in der Wirtschaft. Weil es so grundsätzlich ist, möchte ich einige Zeitphänomene erwähnen, um zu verdeutlichen, wo der Medizin eine verbindende Ethik fehlt bzw. welche Handlungsweisen sich in einem ethikfreien Raum einstellen.

Beispiele für eine ethikunabhängige Medizin

Jeder gesund empfindende Mensch wird mir zustimmen, wenn ich sage, dass ein maximales Gewinnstreben auf Kosten der kranken Menschen unethisch ist. Doch finden wir in allen Bereichen der Medizin ein Denken der Marktgesetze der Wirtschaft. Der Arzt Professor Giovanni Maio, Inhaber des Lehrstuhls für Medizinethik an der Universität Freiburg, spricht von der Ökonomisierung der Medizin.[16] Der Arzt will gut, lieber sehr gut leben durch seine Arbeit. Jahrzehntelang zählte tatsächlich der Arztberuf zu denen mit den besten Aussichten, viel Geld zu verdienen. Als das gesetzgeberisch immer mehr eingeschränkt wurde, erfanden die Ärzte die sogenannten IGEL-Leistungen, die nicht von Krankenkassen erstattet wurden und die der Patient selber zu zahlen hat. Dass die meisten von ihnen von zweifelhaftem Nutzen sind, zeigt ihren Hintergrund. Auch verbanden sich Ärzte mehr und mehr zu Betrügereien, indem Leistungen abgerechnet wurden, die gar nicht erbracht worden waren. Was dadurch leicht möglich ist, dass die meisten Patienten die Arztrechnungen gar nicht kennen. Sie gehen direkt an die Krankenversicherung. Erst kürzlich erlebte ich selber, dass von einem Orthopäden eine große neurologische Untersuchung abgerechnet wurde, die von ihm gar nicht durchgeführt worden war. Als ich den Arzt daraufhin ansprach, erklärte er, er käme nicht auf seine notwendigen Einnahmen, wenn er sich streng an die Gebührenordnung hielte. Was oft auch zutrifft, jedoch ein Systemfehler ist und nicht durch Betrügen korrigiert werden dürfte. Viele Leistungen werden wiederum erbracht, die gar nicht nötig waren, z. B. EKG- oder Röntgenuntersuchungen. Darauf angesprochen heißt oft die Antwort „Der Apparat muss sich amortisieren“. Und so könnte ich viele weitere

Beispiele nennen, wie sie auch der erwähnte Professor Maio in seinem Buch beschreibt.

Die Medizingeräteindustrie gehört zu den Wirtschaftszweigen, die extrem am kranken Menschen verdienen. In Hamburg hat man errechnet, dass eine überschaubare Zahl von Computer-Tomografen ausreichend wäre, um die reale Zahl notwendiger Untersuchungen zu bewerkstelligen. Es waren jedoch zehnmal so viele Apparate aufgestellt. Auch ständig erhöhte Sicherheitsvorschriften steigern Umsätze. So mussten wir in unserem Krankenhaus über hundert noch relativ neue sogenannte Infusoren austauschen, weil sie ganz neu geschaffenen Sicherheitsvorschriften nicht mehr entsprachen. Sie hatten bis zu dem Zeitpunkt des Austausches immer tadellos funktioniert, ohne dass Sicherheitsprobleme aufgetaucht waren. Das kostete viel Geld, das im Budget nicht vorgesehen war. Und wir durften die einwandfrei funktionierenden Geräte auch nicht ärmeren Ländern schenken, sie wurden eingezogen und vernichtet. Schließlich wollte man ja auch in diese Länder seine Waren verkaufen, wenn vielleicht auch zu einem niedrigeren Preis. Denn das ist auch so ein Phänomen: Das gleiche Arzneimittel kostet in verschiedenen Ländern unterschiedlich viel. In Deutschland z.B. können Medikamente hochpreisig verkauft werden. Sogenannte Reimporte wurden gesetzlich untersagt.

Die hohen Entwicklungskosten für ein neues Arzneimittel werden auf den Preis bei Markteinführung umgelegt. Das sind dann „innovative“ Arzneimittel, die patentrechtlich geschützt ohne Konkurrenz sind und von uns allen über die Krankenkassenbeiträge finanziert werden. Dabei steht überhaupt nicht fest, ob alle diese Arzneimittel eine Verbesserung in der Behandlung einer bestimmten Krankheit erbringen. Vorausgehende Untersuchungen und Studien haben *Hin-*

weise dafür ergeben. Ob sich das jedoch bei nun Tausenden von Kunden („Patienten") bestätigt, wird erst in der breiten Anwendung erprobt, die nächsten Jahre werden es zeigen. Schlimmstenfalls müssen sie wegen schwerer Nebenwirkungen sogar wieder vom Markt genommen werden, möglichst jedoch erst, wenn sie die Entwicklungskosten eingespielt haben.

Arzneimittelhersteller der Komplementärmedizin haben praktisch nie die Geldmittel, um neue Arzneimittel z. B. der Phytotherapie zu entwickeln, was noch verstärkt wurde, als sie aus der Erstattungspflicht der Krankenkassen 2004 ausgeschlossen wurden. So entstanden Nahrungsergänzungsmittel, die in Wirklichkeit als Arzneimittel gedacht sind, die aber den strengen Kriterien des Arzneimittelgesetzes nicht unterworfen wurden, z. B. der erwiesenen Wirksamkeit und Unbedenklichkeit.

Ein ganz anderes Phänomen ist das der Schädigung von Menschen durch die Medizin. Unwidersprochen werden Zahlen veröffentlicht, dass z. B. in den USA jährlich 150 000 Menschen auf Grund medizinischer Interventionen sterben. Hauptursache sind Krankenhausinfektionen, unerwünschte Arzneimittelwirkungen oder nicht bedachte Interaktionen mehrerer gleichzeitig und vielleicht von verschiedenen Ärzten, die nichts voneinander wussten, verordneter Medikamente. Und natürlich gehören auch Kunstfehler der Ärzte und anderer medizinischer Berufe dazu. Für Deutschland gibt es keine exakt ermittelten Vergleichszahlen, man geht von etwa 40 000 Todesfällen aus. Und das wird als unvermeidbar oder fast selbstverständlich hingenommen, kein Aufschrei erfolgt, kein Entsetzen. Geschähe so etwas im politischen Raum, würde wohl von Völkermord gesprochen. Und das Entsetzliche daran ist, dass sich solche Zahlen jährlich wiederholen. Das Ganze geht nur weil als common sense offenbar gilt, dass die Medizin eben nicht nur nutzt, sondern auch schadet. Deshalb musste das „Nil Nocere", dass der Arzt dem Kranken nicht Schaden zufügen dürfe, mit dem Hippokratischen Eid verschwinden. Die Medizin macht sich nicht mehr dafür verantwortlich, und der betroffene Mensch hat eben Pech gehabt, so ist die Wirklichkeit. Ich halte das für zutiefst unethisch.

Ein letzter Blick noch auf die Krankenversicherungen. Die sogenannten gesetzlichen Krankenkassen (GKV) wurden in der Regierungszeit von Bismarck gegründet, um den Ärmsten der Armen auch eine Krankenbehandlung zu sichern, die bis dahin Arzt oder Spital nicht bezahlen konnten. Manche wurden durch Armenärzte aufgefangen, die diese Arbeit freiwillig und oft ohne Bezahlung leisteten. Die Reichsversicherungsordnung wurde als Solidarleistung der Gesellschaft gesehen, vor allem die Arbeitgeber mussten sich an den Beiträgen beteiligen, denn viel Krankheit und Elend entstand auch durch die Arbeitsbedingungen. Man denke nur beispielhaft an die Kohlebergwerksarbeiter und ihre Staublungen. Mehr und mehr wurde die GKV eine Zwangsversicherung, in die alle bis auf einen kleinen Anteil solcher Bürger einzahlen mussten, die sehr hohe Einkünfte hatten. Bis heute wird eine „Solidargemeinschaft" beschworen, die längst nicht mehr existiert. Stattdessen ist eine Selbstbedienungsmentalität entstanden. Der Versicherte sagt etwa: „Ich muss doch wenigstens soviel wieder herausholen wie ich eingezahlt habe", die Ärzte und andere medizinische Berufe feilschen um höhere Vergütungen, die Versicherungsgesellschaften bauen große Paläste, die Vorstände verdienen Jahresgehälter, die meist höher als das unserer Bundeskanzlerin sind. Und nirgendwo entsteht eine gemeinsame Verantwortung, mit dem Geld aller sorgsam umzugehen und auch nur zu fragen, was der Bürger eigentlich von diesem „seinen“ Geld erwartet. Über 70 Prozent aller Deutschen wünschen sich z. B. die Behandlung mit komplementärer Medizin, deren Arzneimitteln, deren besonderen Angeboten wie Kunsttherapien, Physiotherapien, besonderen Massagen oder modernen Pflegetherapien. Darauf wird jedoch überhaupt nicht eingegangen. Stattdessen hat man fast alle Arzneimittel der Komplementärmedizin aus der Erstattungsfähigkeit der GKV ausgeschlossen. Menschen, die solche Arzneimittel für sich wollen, müssen sie aus der eigenen Tasche bezahlen, oft mehrere hundert Euro im Monat. Und wenn das Geld, mit dem in den angesprochenen Bereichen verschwenderisch umgegangen wird, nicht mehr reicht, werden eben die Beiträge erhöht, und falls das wegen bevorstehender Wahlen nicht opportun ist, werden Leistungen ausgegliedert, Selbstbeteiligungen kreiert oder Kosten „gedeckelt“ (z. B. Arzneimittelkosten). Auch in dem gesamten System der GKV fehlt jegliche Art ethischer Einflussnahme, jeder sucht für sich einen größtmöglichen Anteil aus dem Gesamttopf herauszunehmen, die Haie viel, die kleinen Fische weniger (was in ihrer Masse aber noch mehr bedeutet).

Längst hätte entdeckt werden können, dass eine Gesellschaft, die sich auf eine freie Marktwirtschaft stützt, völlig andere Formen einer Krankenversicherung braucht, eher eine Haftpflicht- (siehe Kraftfahrzeugversicherungen) als eine überholte Solidaritätsversicherung. Denn eine Gesellschaft der Solidarität im Allgemeinen sind wir nicht! Wir denken nicht nach dem christlichen Motiv „Was ihr einem meiner geringsten Brüder angetan habt, das habt ihr mir getan“ (Matth. 2,40). Und vor allem handeln wir nicht danach.

Änderungen tun not

Schauen wir nun auf die Aufgabe, im Namen einer christlichen Medizin die geschilderten Verhältnisse wieder in eine ethisch-moralische Haltung einzubetten und sie damit neu zu gestalten, dann wird eine erste grundsätzliche Notwendigkeit ganz deutlich: Die Veränderungen müssen von Einzelnen ausgehen, von jedem von uns! Das grund-christliche Motiv ist die Nächstenliebe, und aus ihr kann ich eine neue Medizin entwickeln. Und das heißt an erster Stelle Selbsterziehung, und davor noch Selbsterkenntnis. Jeder müsste sich fragen, inwieweit er durch sein Verhalten an der Misere mitgewirkt hat. Habe auch ich als Arzt Leistungen manipuliert, mir ein Arzneimittel besorgt, das ich brauchte, im Austausch mit einem, das auf dem Rezept stand, das ich aber nicht wollte? Oder als Patient: Habe ich mich krankgemeldet, obwohl ich hätte arbeiten können?

Die Zulieferer der Medizin, an erster Stelle die Arzneimittelhersteller, müssen sozialisiert werden, womit ich meine: Ihnen muss klar werden, dass ihr Platz in der Gesellschaft ein dienender ist, dass sie im Dienste des krank gewordenen Menschen arbeiten müssten, ihn nicht als Kunden missverstehen, durch den der Gewinn des Unternehmens maximiert werden kann. Die Gewinne der Hersteller müssten Stiftungen zufließen, durch die wiederum medizinische Forschung gefördert werden kann. Es müssten Präventionsprogramme finanziert werden, um sich von einem Motto für das 21. Jahrhundert leiten zu lassen, das ich so formulieren möchte: „Es muss immer wichtiger werden, Gesundheit zu erhalten, als Krankheiten zu behandeln“. Es muss eine *präventive Medizin* ausgearbeitet werden, die diesen Namen verdient, die sich nicht in Impfungen und Vorsorgeuntersuchungen erschöpft, sondern mit der Gesundheitserziehung schon in der Kindheit beginnt. Welche die Arbeitswelt so gestaltet, dass nicht immer mehr Menschen wegen „psychischer Ursachen“ (deren wichtigste wohl das weite Feld der Depressionen ist) „krankgeschrieben“ werden müssen. Wir müssen Arbeit wieder als zentralen Anteil eines gesunden Menschenseins definieren, dürften als solidare oder eben christlich-geprägte Gesellschaft Jugendarbeitslosigkeit überhaupt nicht zulassen, müssten ein Recht auf Arbeit festschreiben.

Doch zum Anfang zurück: Diese Veränderungen können nur von Einzelnen ausgehen, jeder von uns kann damit anfangen. Und das Element der Liebe kann uns dabei leiten. Liebe zu uns selbst, zu unserem uns so treu ein Leben lang dienenden Leib, den wir zu pflegen lernen müssen, dem wir zu danken lernen müssen. Liebe auch zu unserem Nächsten, Liebe zur Natur und zur ganzen Erde und letztlich auch zu den göttlichen Kräften, die uns, die Welt, ihre Gesetzmäßigkeiten geschaffen haben und ihren Blick auf alles gerichtet halten, auf dass es Zukunft habe, im Zentrum den Menschen als eine einmal gedachte Krone der Schöpfung. Christus hat die Liebefähigkeit in unsere Welt getragen, er ist substanziell Liebe und durch ihn in Verbundenheit mit der Menschheit kann die Erde zum Planeten der Liebe werden.[17]

Hier möchte ich wieder zurücklenken auf die Medizin und meine Blickrichtung als Arzt, dem Menschenliebe als die zentrale Kraft, aber auch als Befähigung für seinen Beruf notwendig ist. Aus der Kraft vieler Einzelner wird immer mehr Kraft für das Ganze entstehen. Das wird dauern, nicht schnell gehen, aber es wird Veränderungen bewirken, wie sie schon heute erlebbar sind. Es gibt ein reales Bild dafür: Ein steter Tropfen höhlt den Stein.

3.
Vom Heilen

Heilen ist für mich ganz und gar mit Christus verbunden und von ihm unabhängig weder zu denken noch faktisch möglich. Das ist mein persönliches Bekenntnis, der Mittelpunkt oder das Herzstück dieses Buches. Das möchte ich im Weiteren darstellen und begründen.

Christus ist das Heil der Welt, womit vor allem Erde und Mensch angesprochen werden, er ist der Heiland. Er stellt für das Heilen den Heiligen Geist in seinen Dienst, der deshalb auch der heilende Geist genannt werden kann. Denn Heilung geht immer vom Geist aus, weil dieser urgesund ist. Steiner sagt, dass es töricht sei, von Geisteskrankheiten zu sprechen, „weil der Geist immer gesund ist und eigentlich nicht erkranken kann“.[18] Das gilt auch für den geistigen Kern des Menschen, unser Ich. Deshalb muss jede Krankheit heilbar sein, wenn es gelingt, das Ich in seine Herrschaft von Seele und Leib so zu integrieren, dass es gesundend wirken kann. Und so trägt auch jeder Mensch seinen eigentlichen Heiler in seinem Ich in sich selbst. Carl Gustav Carus hat schon im 18. Jahrhundert gewusst und ausgesprochen, dass Heilung immer vom „Spriritus“ ausgeht, eine heilenwollende Medizin eine spirituelle sein muss.[19] Und Steiner weist in einem seiner wichtigsten medizinisch-menschenkundlichen Vorträge mit dem Thema „Der unsichtbare Mensch in uns“ darauf hin, dass von Heilen durch Menschenkunst eigentlich nicht gesprochen werden könne, da der Heiler in jedem Menschen selber vorhanden sei.[20] Ich verstehe das auch so, dass jedem Menschen der Christus innewohnt. Darauf soll später hingeschaut werden.

Der oben bereits zitierte Bernard Lown spricht von der verlorenen Kunst des Heilens. Ich habe vor langen Jahren in einem Editorial im „Deutschen Ärzteblatt" gelesen, dass, wer noch vom Heilen in der Medizin spräche, ein Scharlatan sei. Leider habe ich den Text nicht aufgehoben, zu groß war das Entsetzen in mir, denn ich erlebte mich als einen Arzt, der angetreten war, heilen zu wollen. Und nun sollte ich ein Scharlatan sein!? Es ist aber so, dass die moderne Medizin in ihrer naturwissenschaftlichen Ausgestaltung das Heilen aus sich heraus verbannt hat, wie es Lown gut begründet dargestellt hat. Geradezu blasphemisch oder einfach zutiefst zynisch-bösartig wurde der Begriff des Heils im nationalsozialistischen Gruß missbraucht, wenn Millionen von Menschen „Heil Hitler" riefen oder brüllten.

Den Inhalt dieses Begriffs „Heil" oder „Heilen" zu entdecken, führt uns in die Mysterien des Christuswesens. Und in den Evangelien wird ja überdeutlich, dass Heilen ein wesentlicher Anteil seines Wirkens ist, dass er auch seine Jünger beauftragt, heilend in seinem Namen und Kraft tätig zu werden, von denen keiner der Profession eines Heilers entstammte. Dieser Anteil am Verständnis des Heilens soll weiter unten in Betrachtungen zu den Heilungen in den vier Evangelien folgen, denn sie können Leitbilder für eine neue Form des Heilens werden.

Ist Heilen eigentlich eine Kunst? Ist oder war die Medizin eine Heilkunst, oder sollte sie dieses wieder werden? Ich denke, Heilen ist mehr als eine Kunst. Medizin ist zu einem Anteil erst einmal auch Handwerk, wovon die Be*hand*lung abgeleitet ist, also etwas praktisch mit den Händen zu tun.

Und es ist wichtig und gut, wenn sich die Geschicklichkeit mit dem Künstlerischen verbindet. Ein guter Möbeltischler wird immer auch ein Künstler sein, ebenso ein Schuhmacher oder der Bäcker, der auch Konditor ist. Handwerk und Kunst sind sicher Elemente des Heilens, so wie auch die vorausgehende Erkenntnis des spezifischen Heilbedarfs. Heilen möchte heute ganz individuell vollzogen werden, ganz mit dem Blick auf die besondere Individualität. Und ich muss auch das Wesen (den Kern) des Krankseins, der vielfältigen Krankheiten kennen, wenn ich sie heilen will.

Zweierlei Kranksein

Folgt man Rudolf Steiners Darstellungen über die Menschheitsevolution und ihre Zusammenhänge mit der Entwicklung von Natur, Erde und Kosmos, entdeckt man, dass es zweierlei Kranksein geben muss: ein menschheitliches und ein persönliches.

Ersteres entstammt dem evolutionären Augenblick, als der Mensch sich vom Göttlichen trennte oder auch getrennt wurde, um seinen Weg zur Freiheit anzutreten. Diese „Sonderung“ vom Zusammen- oder gar Einssein mit Gott wird christlich der Sündenfall genannt. Dieser Begriff hat viel Verwirrung und manche Irrwege bewirkt, weil Sünde und Krankheit zusammengeworfen wurden, Krankheit als Strafe angesehen wurde, ja sogar ein Ablasshandel der Kirche entstand, fast ein Vorentwurf unserer Ökonomisierung der Medizin. Einssein mit Gott tauchte im Bild des Paradieses auf, die Vertreibung daraus leitete den schon genannten Gang zur freien Person ein, die im Erkennen Gut und Böse zu unterscheiden lernte. Die Gegenkräfte oder Widersacher Gottes wirkten mit im Symbolum der Schlange, die interessanterweise „aufgerichtet" auch am Merkurstab des Arztes auftaucht. Und noch etwas können wir bemerken. Dem Sündenfall voraus geht die Trennung des Menschen selbst in Mann und Frau. Das göttliche Geschöpf Mensch im Paradies war eine Einheit des Männlichen und des Weiblichen, im Bild der Mythologie ein Hermaphrodit. Nun ist der Mensch in zwei Hälften getrennt, und wenn er sich äußerlich in Ehe oder Partnerschaft vereint, nennt er – oder nannte er früher zu mindestens – den anderen gerne seine bessere Hälfte. An die Einheit erinnert noch die embryologische Entwicklung und auch die Tatsache, dass Androgene und Östrogene in jedem Menschen, ob Frau oder Mann, vorhanden sind, wenn auch in der Menge unterschiedlich.

Dieses Getrenntwordensein, diese Unvollständigkeit des heutigen Menschen, diese Einseitigkeit von Frau und Mann, bewirkt die eine Form des Krankseins, die auch „Sündenkrankheit" genannt wurde, aber besser und unmissverständlicher „Sonderungskrankheit" heißen müsste. Sie entsteht als ein notwendiger Schritt der Entwicklung, sie ist Durchgang der Entwicklung und wird in fernen Zeiten „geheilt" sein, wenn die Trennung aufgehoben, das Getrennte wieder vereint sein wird. Doch diese menschheitliche Urkrankheit, auf die wir hier schauen, hatte Konsequenzen in der harmonischen Gestaltung des Menschen, von Leib, Seele und Geist. Das hat Rudolf Steiner in großartigen Vorträgen mit dem Titel „Die Welt der Sinne und die Welt des Geistes"[21] ausführlich und anschaulich dargestellt. Deren Inhalte stellen in meinen Augen für eine zukünftige Medizin eine einzigartige Inspiration dar. Jedenfalls hätte ich ohne sie nicht so Arzt werden können, wie ich es sein wollte. Der Hauptgedanke Steiners ist, dass durch das Einwirken der Schlange (ein Bild

Luzifers, des Verführers) der Mensch „gestaucht" wird, so dass die verschiedenen leiblichen und seelischen Glieder fester und tiefgreifender miteinander verbunden wurden, als die Götter es ursprünglich veranlagten. Steiner nennt es Verschiebungen der vier Leibesglieder. Es entstanden dadurch neue, auch organische Anlagen, z. B. Ernährung und das Verdauungssystem, das Drüsensystem; es entstanden aber auch Disharmonien, die sich als Hindernisse, Widerstände gegen die gewollte Entwicklung zur „auf sich selbst gegründeten, freien Persönlichkeit"[22] erweisen sollten. Insofern ist der Mensch heute und noch über lange Entwicklungsphasen „krank", was auch Ungleichgewicht oder Disharmonie genannt werden kann. Früher sprach vor allem die Kirche von „sündig", ein – wie sich zeigte – sehr missbräuchlicher Begriff. In der Menschenweihehandlung der Christengemeinschaft wird dieses Menschsein kurz vor der Kommunion so ausgesprochen: „Krank ist die Behausung, in die DU eintrittst, aber durch DEIN WORT wird meine Seele gesund". Die Gesundung durch das Sakrament ist ein Auf-den-Weg-bringen.

Der andere Anteil daran ist die persönliche Arbeit jedes einzelnen Menschen, was ich Läuterung oder eben Harmonisierung der Seele in Denken, Fühlen und Wollen nennen möchte. Das bewirkt Harmonisierung oder Gleichgewichtung von Leib und Seele, damit der urgesunde Geist ungehindert in beide hineinwirken kann, oder – anders angeschaut – seine intakten Werkzeuge jederzeit zu seiner eigenen Gestaltung und der Arbeit an der Welt einsetzen kann. Hier ist Heilung keine Aufgabe von Arzt oder Priester, hier wird Heilung aus der ich-bewussten Verbindung des Menschen mit Christus erreicht – eine Verbindung, wie sie als erster Mensch Paulus vollzog.

Oft kann man der Frage begegnen, wie Gott denn den Menschen auf so einen schwierigen, ja durchaus gefahrvollen Weg schicken konnte? Wie er ihn durch die Widersacher so angreifbar machen konnte? Im Alten Testament gibt das Buch Hiob eine verschlüsselte Antwort. In unserer Zeit hat Goethe in seinem „Faust" nicht nur eine ebenso rätselvolle Antwort einer „Erlösung" gegeben, sondern den ganzen mühevollen, unrechten, abschweifenden Weg des Menschen in großen Bildern voller Mythologie gezeichnet, sodass man diese Dichtung auch als das Buch der Einweihung des Menschen auf dem Weg zur Verwirklichung der Freiheit erleben kann. Und er skizziert, welche Rolle das sogenannte Böse, die Widersacher, übernehmen, als „Teil von jener Kraft, die stets das Böse will und doch das Gute schafft".[23] Vielleicht noch einen Blick auf das Wort Erlösung: In ihm verbirgt sich auch anschaulich, dass das zu tief ineinander Gestauchte von Leib und Seele wieder voneinander gelöst werden muss, um in Harmonie miteinander tätig zu sein, immer im Dienste und als Werkzeuge des Ich.

Haben wir bisher auf die menschheitliche Dimension des Krankseins geschaut, richten wir jetzt den Blick auf das *persönliche Kranksein*. Dieses ist das Feld der Medizin, des Arztes, der Pflegenden, Therapeuten und aller anderen medizinischen Berufe, die gemeinschaftsbildend am Heilen mitwirken. Hier sammelt sich die Fülle der spezifischen Krankheiten, die den Menschen aufsuchen können und mit denen er sich ganz persönlich auseinandersetzen muss. Und die er lernen sollte zu überwinden, um dadurch neue Kräfte zu gewinnen. Im Überwinden begegnet er dem Widerstand, den Widersachern. In einem weiteren Vortragszyklus „Die Offenbarungen des Karma"[24] beschreibt Steiner, wie Gott die Fähigkeit zum persönlichen Kranksein dem Menschen schenkt als Kraft gegen die Versuchungen und Abirrungen auf seinem Wege zum freien Menschen, zur inneren, harmonischen Vereinigung von Geistesmensch und Erdenmensch. Er differenziert dieses Geschenk zum einen in Krankheit als Kraft, Luzifer nicht zu erliegen, und zum anderen in Karma oder Schicksalsgesetz, um gegen Ahriman zu bestehen. Beide Kräfte repräsentieren die Trennung von Licht und Finsternis in ihren Einseitigkeiten von Erdflüchtigkeit und Erde-werden in Form des Materialismus. So offenbart sich uns der Weg zum Vatergott in dem Meditationstext, der zum Motiv für dieses Buch gewählt wurde: Dass ich den Weg gehen werde, der mich zum Vater führt, der die Krankheit zum Ausgleich des Karma schickt. Dazu kann gleich die weitere Aussage Steiners gestellt werden, dass man *nie gegen* das Karma werde heilen können bzw. dürfen.[25]

Legen wir diese alles übergreifende Gesetzmäßigkeit im persönlichen Kranksein den weiteren Betrachtungen zugrunde, so finden wir immer erkennbarer eine Systematik und in ihr eine Ordnung der unterschiedlichen Arten der Krankheiten und des Krankseins. Das soll hier nicht ausgearbeitet werden, das habe ich einführend und ausführlich in meinem Buch „Intuitive Medizin"[26] dargestellt, und darüber gibt es eine umfassende Literatur in Vorträgen Rudolf Steiners, seinem Buch mit der Ärztin Ita Wegman und vielen anderen Autoren der Anthroposophischen Medizin. Doch einige Hinweise möchte ich hier noch anfügen.

Die Hauptforderungen des persönlichen Krankseins und dazu gehörender Krankheiten zeigen, wie sie sich als Gegenkräfte gegen die Widersacher einsetzen lassen. Es gibt solche, die mehr der Überwindung der Vererdung, der Verfestigung, dem Verfallen in den Materialismus dienen, wozu alle Sklerose- und Geschwulstkrankheiten (wobei nicht die Krebsgeschwulst gemeint ist, sondern gutartige Geschwülste), aber auch Hypochondrie und Depression, Neurasthenie und andere Verhärtungskrankheiten im Leiblich-Lebendigen zählen. Und es gibt die mehr auflösenden, erdflüchtigen Krankheiten wie Entzündungs- und Allergiekrankheiten, Hysterie und Wahnkrankheiten, die sich mit dem Illusionären, der Wunschnatur im Menschen verbinden.

Eine dritte Art des Bösen oder Widerstands ist erst später in der Entwicklung aufgetaucht und tritt in unserer Zeit mehr und mehr auf. Ihr Einwirken ist nicht Versuchung oder Verführung des Menschen, sondern Zerstörung, und zwar unseres Kerns, unseres Ichs. Ich habe es deshalb auch das absolut Böse genannt, weil in seinen Angriffen kein Anteil mehr von Förderung liegt, sondern Vernichtung das einzige Ziel ist. Politisch wurde das deutlich im Nationalsozialismus, Bolschewismus und Maoismus, heute auch im religiösen Fundamentalismus. Gesellschaftlich zeigt es sich mehr und mehr im Krieg Jeder gegen Jeden, in zerstörerischer Egozentrik. Und in der Krankheit zeigt es sich in den Besonderheiten von Krebs, AIDS und auch z. B. der Hepatitis C. Auch hier haben ich oder andere an anderer Stelle Darstellungen verfasst, die diese Aussagen verständlicher machen.

Doch möchte ich eine kurze Einfügung folgen lassen, um die angesprochene Dreiheit des Bösen soweit zu charakterisieren, dass der Leser versteht, warum ich immer wieder auf sie hinweise. Ohne ihr Verständnis ist eine spirituelle Medizin nicht denkbar. Sie haben eine evolutionäre Funktion, die sich auch durch Krankheiten Ausdruck verschaffen kann. Ich möchte etwas von der hinter ihnen liegenden Ordnung zeigen, ihrer Sinnhaftigkeit auf dem Weg zum freien Menschsein, ihrer Möglichkeit, dass durch sie Karma wirksam wird. Denn es wird auch bei der Kürze der Darstellung ablesbar, dass es falsch, ja für den Erkrankten eine Art Diebstahl sein kann, ihm die Krankheiten einfach nur wegzunehmen. Er selber soll sie überwinden lernen, er sollte den Gewinn neuer Kräfte und Fähigkeiten durch seine Auseinandersetzung mit ihnen haben. Und deshalb ist es unsere Aufgabe, Krankheiten zu heilen, was wieder zurückführt zu der Frage, was Heilen ist, wodurch es sich unterscheidet von Gesundmachen. „Die Krankheit bekommt erst ihren Sinn, wenn sie geheilt wird"[27], wieder so eine tief wirkende Aussage Steiners, die ein Leitgedanke einer ethisch-christlichen Medizin werden könnte.

Die Realität des Bösen

Das Böse und dessen Wirken tritt an wirklichen Schlüsselstellen der christlichen Religion auf. Im Paradies als der Versucher in Gestalt einer Schlange, in den Evangelien immer wieder als Satan, schon in Christi Versuchung am Ende seiner Fastenzeit nach der Menschwerdung durch die Jordantaufe, auch mit Blick auf Judas Ischariot oder sogar Petrus. Und in dem Zentralgebet aller Christen, dem Vaterunser, heißen die beiden letzten Bitten: „Und führe uns nicht in Versuchung, sondern erlöse uns von dem Bösen".

Schon vorchristlich finden wir eine Dualität des Bösen, die sich Gott entgegenstellt, *Luzifer*, der gestürzte Engel, und aus der persischen Kultur *Ahriman*, der Herr der Finsternis als Gegenspieler des Lichtes, Ahura Mazdao. Beide Gegenkräfte fokussieren sich auf die Menschen, wollen sie in ihre Macht bekommen, von dem Weg der göttlichen Evolution oder Vorsehung ablenken. Sie sind auch untereinander Gegner, denn der eine strebt mit allem Wesen weg von der Erde, will auch keinen Fortschritt; der andere wirkt aus den Erdtiefen durch die Materie und will die Evolution so beschleunigen, dass sich alle Entwicklung vorzeitig und die göttliche Ordnung verwirrend vollzieht. Wunschdenken, Täuschung, Illusion und die Lüge sind gewichtige Werkzeuge dieser Kräfte. Und obwohl sie völlig Entgegengesetztes anstreben, haben sie sich verbündet, um zusammen stärker zu wirken. Sowohl Luther als auch Goethe haben deshalb diese Zweiheit als Einheit benannt, obwohl in der Bibel mit Diabolos und Satanas zwei unterschiedliche Namen existieren. Mephistopheles im „Faust" ist beides, schwerpunktmäßig allerdings mit ahrimanischen Zügen. Dabei müssen wir beachten, dass die beiden eine Polarität schaffen, deren Mitte „das Gute", das Ausgleichende bildet. Das ist die Aufgabe Christi seit dem Mysterium von Golgatha. Das wird als künstlerische Imagination in der Holzplastik von Rudolf Steiner und Edith Maryon deutlich, die im Goetheanum in Dornach/Schweiz aufgestellt ist und „Der Menschheitsrepräsentant" genannt wird. Oder auch in Dürers berühmtem Kupferstich „Ritter zwischen Tod und Teufel", wo mehr der Mensch als ritterliches Wesen die Mitte bildet. Und so müssen wir es auch verstehen: Jeder von uns ist mit seinem Ich in diese polaren Kräfte gestellt, seit der Mensch vom Baum der Erkenntnis gegessen hat und das Gute vom Bösen unterscheiden kann oder könnte. Steiner hat vielfach aufgezeigt, wie verbunden der Mensch sowohl in seinem Leib als auch in seiner Seele mit Ahriman und Luzifer ist, wie er auch von ihnen begabt wird. Sie sind ja Teil von einer Kraft, die stets das Böse will und doch das Gute schafft (Faust!). Sie sind Widersacher, die uns ins Böse, das heißt in ihre Welten bannen, wenn wir ihrer nicht achten. Wir überwinden sie, indem wir sie erkennen! Ein Bild dafür sehe ich immer in Saint Exupérys kleinem Prinzen, wenn der Fuchs den Prinzen bittet, ihn zu zähmen. Und weil der kleine

Prinz nicht weiß, was zähmen ist, fragt er nach. Und der Fuchs antwortet: „Zähmen heißt sich vertraut zu machen". Nichts hilft Ahriman und Luzifer so sehr, als wenn wir ihre Existenz ignorieren und sie unentdeckt bleiben, wir sie in die Welt der Mystifizierung, des Aberglaubens aussondern.

Nun ist die Frage nach dem Bösen jedoch vielschichtiger geworden. Denn es tritt ein drittes Element des Bösen auf, das zweihörnige Tier, das aus den Tiefen der Erde aufsteigt (Apokalypse des Johannes, Kap. 12 und 13), und das dort mit der Zahl 666 benannt wird, die auch die Zahl des Menschen sei. Traditionell wird diese Kraft des Bösen der *Antichrist* genannt.[28] Steiner charakterisiert diesen als Sonnendämon und nennt als seinen Namen Sorat.[29] In der nordisch-germanischen Mythologie der Edda finden wir diese Dreiheit wieder: die Mitgardschlange, der Fenriswolf und der aus der Erde im Feuer aufsteigende Surtur. Thor, Odin und Freyr werden ihre Opfer und die Götterdämmerung tritt ein.

Ich denke, dass aus der eigentlichen Polarität des Bösen durch das Christusgeschehen eine Dreiheit wurde, die Steiner „das Mysterium von Golgatha" nennt, das jedoch mit der Menschwerdung Christi, der Jordantaufe, ihren Anfang nimmt. Die Versuchung Christi ist bereits eine dreifache, und es ist für mich aufschlussreich, wenn Steiner sagt, dass die dritte Versuchung („Steine zu Brot") von Christus nicht vollständig zurückgewiesen wurde, sodass eine Kraft des Bösen blieb, die erst mit Golgatha überwunden wurde, nach ihrem letzten Angriff auf Gethsemane.[30] Sorats Angriff zielt auf das Ich, den eigentlichen Menschen. Diesem Ich hat Christus jedoch sein Ich-Bin eingepflanzt, in ihm finden wir die Urgesundheit und auch die Auferstehungskräfte. Und mit jedem Angriff auf ein Menschen-Ich greift der Antichrist Christus an. Er ist der größte Gegner des Christus, sagt Steiner. Er bezeichnete Christus auch als höchsten Sonnengeist, der sich nun aber mit der Erde verbunden hat. – In Sorat sehe ich kein förderndes Prinzip wie bei Luzifer und Ahriman, er ist nicht Widerstand, er ist Zerstörer. Deshalb nenne ich ihn den Vertreter des absolut Bösen.

Vielleicht darf ich ein Beispiel aus der Medizin schildern, um anschaulicher zu machen, wie Sorats Kräfte nur auf Zerstörung gerichtet sind. Die *Krebskrankheit* habe ich schon eine Krankheit in der Auseinandersetzung mit Sorat genannt. Sie ist Ausdruck des faustischen Ringens des Menschen der Neuzeit um seine Identität. Sie macht ihm die Frage bewusst: „Wer bist du?" oder „Wer willst du werden?". Und das sind Fragen unseres Ichs, die es sich nur selbst beantworten kann. Doch diese Entdeckung des Selbst will Sorat verhindern. Krebs ist nicht zufällig eine der häufigsten Krankheiten unserer Zeit, denn das 20. Jahrhundert zeigte in den menschenverachtenden Diktaturen des Nationalsozialismus, Bolschewismus und Maoismus die extreme Intensivierung des zerstörerischen Impulses Sorats.

Schon im 1. Weltkrieg trat etwas auf, was seine Handschrift trug: Giftgas (Stickstoff-LOST) als Vernichtungswaffe. Im 2. Weltkrieg haben die USA die Forschung solcher Giftstoffe als Waffen mit ungeheurer Zerstörungskraft vorangetrieben, neben der Entwicklung der Atomwaffen. Und als ein unmittelbarer Ableger dieser Kampfstoffe entstanden die ersten Zytostatika, schwere Zellgifte, mit denen die Krebsgeschwülste und ihre Zellen vernichtet werden sollten. Die Sprache der Krebsforschung und Krebstherapie wurde eine ganz militärische, man entwickelte Strategien, formulierte „je aggressiver der Tumor, umso aggressiver die Therapie", und immer wieder die Vernichtung der Krebszellen, „koste es, was es wolle"!

Beeindruckend, dass der große Krebsforscher und Nobelpreisträger Prof. Dr. Günter Blobel in einem Interview sagte: „Wenn wir wüssten, was die wirkliche Ursache der Krebskrankheit ist, bräuchten wir nicht Atombomben auf Krebszellen zu werfen, wie wir es heute tun: wir bombardieren die kranken Zellen, töten dabei aber auch unendlich viele gesunde Zellen und rufen damit schwere Nebenwirkungen hervor, die den Patienten stark belasten".[31] Krebs ist eine menschheitsbezogene Krankheit, ein Zeitenschicksal, dem jeder Mensch ausgesetzt ist, wie ja auch die genetische Forschung zeigt. Deshalb ist der an Krebs Erkrankte immer neben der persönlichen Auseinandersetzung mit dieser Krankheit auch ein Kämpfer für den Menschheitsfortschritt, sein Leiden eines für uns alle.

Die Krebskrankheit als Auseinandersetzung mit einer Kraft, die keine Ich-Entwicklung zulassen will, die den freien Menschen verhindern will, wird beantwortet mit einer der zerstörerischsten Therapien, die es heute in der Medizin gibt. Ist das wirklich eine Lösung?

Ich möchte hier einhalten, weil ich ja nur andeutungsweise darauf aufmerksam machen möchte, dass eine Medizin, die das Geistige wieder zu einem Teil ihrer Wissenschaft machen möchte, sich auch mit der Frage des real wirkenden Bösen befassen muss, ob mit Blick auf die Krankheiten oder moderne Therapien. Eine gute Zusammenstellung vieler Aussagen Steiners zu diesem Thema findet sich bei Erhard Fucke[32], meine Anschauung der Krebskrankheit habe ich auch ausführlich dargestellt.[33, 34] Das Wirken des Bösen ist für mich ein unvermeidbares Thema einer christlichen Medizin, denn die Medizin ist ein wichtiger Schauplatz damit verbundener Kämpfe, und jeder in ihr zum Heil des Menschen Tätige muss sich entscheiden, auf welcher Seite er steht und in wessen Dienst er sich stellt.

Gesundheit haben wir nur in dem Sinne, dass sie in jedem Augenblick neu entsteht. Ich kann auch sagen, wir *haben* Gesundheit nicht, sondern wir stellen sie jeden Augenblick neu her. Und damit wird klar: Gesundheit ist eine Ich-Funktion. Denn das Ich ist urgesund. Es *kann* nicht krank sein. Es kann abgelenkt werden, unachtsam oder einseitig tätig sein, es kann behindert oder verhindert werden, aber als geistiger Kern in uns ist es urgesund und vermittelt sich als Gesundheit an Seele und Leib. Das ist eine kaum fassbare Leistung, denn das Ich muss für jeden Ort, ja für jede Zelle immer präsent sein, darauf achten, dass sie ihren Anteil für das Ganze des beseelten Organismus leisten, nicht in ein Eigensein zurückfallen, wie es eine erste Krebszelle als sogenannte Stammzelle tut. Diese permanente Ich-Tätigkeit wird mit dem Begriff der *Geistesgegenwart* oder *Präsenz* einmalig richtig beschrieben.

Wie kümmerlich dagegen, Gesundheit als Abwesenheit von Krankheit zu denken, als Normalität oder in der Definition der Weltgesundheitsorganisation als „völliges körperliches, seelisches und soziales Wohlbefinden". Ist denn ein Arbeitsloser, der gerne arbeiten würde, aber keine Beschäftigung findet, dessen soziales Befinden nicht wohl ist, damit als krank zu bezeichnen? Bin ich krank, weil ich mich schäme, was auch kein seelisches Wohlbefinden bedeutet, oder ist ein kräftiger Ganzkörper-Muskelkater nach dem ersten Hockeytraining nach langer Sommerpause, wie ich ihn regelmäßig über mehrere Tage anhaltend erlebte, Krankheit? Und kann man sich nicht sogar in einer ernsten Krankheit gesund fühlen, wie es Christian Morgenstern einmal in einem Antwortbrief an eine junge Frau aussprach, die ihn ob seiner schweren

Lungentuberkulose bemitleidete: „Ich bin leidend, doch nicht krank. Krank kann nur ein Mensch sein, der nicht frei ist!“[35] Er hatte den Zusammenhang von Ich und Gesundheit in sich erfahren.

Gesundheit heißt also eine den ganzen Organismus, alle leiblichen und seelischen Werkzeuge voll im Blick habende Ich-Organisation, mit der eine differenzierte und gegliederte Ich-Tätigkeit beschrieben wird. Das Ich als solches ist ja Einheit, doch wenn es sich dem Organismus mitteilt, geht es verschiedenste Wege mit unterschiedlichster Intensität. *Gesundmachen* bedeutet insofern, diese organisierte Ich-Funktion für Leib und Seele wiederherzustellen, wo sie „gekränkt“ war, also behindert, abgelenkt (s. oben).

Die Salutogenese von Antonowsky[36] und Maslow[37] lässt interessanterweise erkennen, wie dominant es charakteristische Persönlichkeitsmerkmale sind, die für sie einen gesunden Menschen ausmachen. Zum Beispiel ein Mensch, der humorvoll ist, doch nicht schadenfroh; der selbstbestimmt lebt und sich nicht einem Joch fremder Meinungen unterwirft. Spricht es nicht auch für sich, dass eine wissenschaftlich begründete Lehre vom Entstehen der Gesundheit von Soziologen und Psychotherapeuten begründet wurde und nicht von Ärzten?

Und nun können wir uns auch heranwagen an die Beschreibung des Unterschieds von Gesundmachen und Heilen, denn dieses Kapitel will ja vom Heilen sprechen. Bedeutet ersteres, die Tätigkeit einer organisierten Ich-Funktion zu unterstützen oder wiederherzustellen, heißt Heilen, den Menschen als Ganzes in sein (individuelles!) Gleichgewicht zu stellen. Das erfordert den Blick in seine Biografie, über die Grenzen von Konzeption und Geburt auf der einen Seite und Sterben und Tod auf der anderen Seite hinaus. Jeder Mensch geht mit einer selbstgewählten Bestimmung und Aufgabenstellung in das Leben. Beim Aufstellen dieses konkreten Lebensplans wirken die Schicksalsgesetze (Karma) mit, helfen geistige Wesen, zuvorderst der eng verbundene Engel, der jeden von uns begleitet. Natürlich wirkt hier auch die Idee der Wiederverkörperung mit, der Reinkarnation, unlösbar verbunden mit unserem Karma. Doch auch ohne von wiederholenden Erdenleben auszugehen, kann man die Idee eines Lebensplans fassen. So hat es zum Beispiel der Psychoonkologe Lawrence LeShan getan, der diesen Plan auch als *Lebensmelodie* bezeichnete, die verloren gehen kann, auch als Voraussetzung einer Krebskrankheit.[38] Das Musikalische ist in seiner Formulierung so schön, haben doch immer wieder Musiker als Komponisten bestimmten Ereignissen oder auch Personen eine Melodie, ein Motiv gegeben, durch das sie erkennbar für den Zuhörer werden. Beethoven in seiner 5. Sinfonie, die auch Schicksalssinfonie genannt wurde; ganz einmalig auch Richard Wagner, vor allem in seinen mythologischen Werken wie Parsifal, Lohengrin oder der Nibelungen-Saga.

Der Mensch im Gleichgewicht seiner Bestimmung, auch seines Seins, der Mensch auf seinem Weg, dem Lebensplan folgend, das ist das Ziel aller Heilung. So jedenfalls lebt es in mir, und mir ist bewusst, dass ich als Arzt diesem Ziel nur dienen, dem anderen nur helfend zur Seite stehen kann, ihn auf seinem Weg begleiten kann. Doch gehen muss er ihn selbst.

Heilen ist ein *beide* Krankheitsformen, die menschheitliche und die persönliche, übergreifendes Geschehen. Doch nur bei Letzterer erlebe ich das Feld oder die Aufgabe der Medizin. Es mag überraschen, von Techniken des Heilens zu sprechen, einem so mechanistischen Begriff bei einem so spirituellen Thema. Ich wähle diesen Terminus in Anknüpfung an Rudolf Steiners „Philosophie der Freiheit", wo er auf den ethischen Urgrund des handelnden Menschen mit dem Begriff der Moral oder eben des moralisch-handelnden Menschen blickt und von den drei Kräften der *moralischen Phantasie,* der *moralischen Technik* und der *moralischen Intuition* zu sprechen kommt.[39] Hier sehe ich den ethischen Quell, an den auch die Medizin anknüpfen müsste, und der aus meinem Erleben ein tief christlicher ist.

Mit Techniken des Heilens möchte ich ansprechen, welches Instrumentarium gebraucht wird, um Diener des Heilens werden zu können. Ein erster Schritt ist das Ausbilden von *Demut.* Ist der Arzt tatsächlich Mitarbeiter im Gottestun der Schöpfung Mensch, kann er das nur aus tiefster Bescheidenheit tun und immer neu fragend, ob er die Voraussetzung hat, zu diesem Dienst berufen zu sein. Alle Arroganz der Medizin, alles, was den Arzt in der Außenwahrnehmung zum Halbgott in Weiß werden ließ, trennt ihn vom Heilen. Das christliche Bild der Demut ist die Fußwaschung, in den Evangelien erst vollzogen von Maria Magdalena an Christus, dann am Gründonnerstag von ihm selbst an seinen Jüngern (Joh. 13,2–20). Und wir können das Bild verstehen: Ein Höheres wendet sich einem Niedrigeren zu, weiß von seiner Verantwortlichkeit für dessen Entwicklung als Bild des Höheren. Denn hoch oder niedrig ist ein Bild für eine Entwicklungsstufe, kein Ausdruck einer Wertigkeit. Der Lehrer ist im Leben dem Schüler zeitlich vorangeschritten („höher"), muss aber deshalb nicht mehr wert sein. Sein Schüler kann einmal ein viel besserer Lehrer werden oder ein großartiger Musiker. So ist es auch mit Eltern und ihrer Aufgabe für ihre Kinder, oder dem Arzt und seinen Patienten. Der Arzt kann Lehrer oder Vorbild für den Patienten sein, wie er seine Krankheit zu seinem Heil überwinden kann. Das setzt ein immer fortwährendes Lernen oder Studieren voraus. Übend sollte der Arzt in sich alles Krankheitswissen so zur inneren Anschauung bringen, dass er jede einzelne Krankheit so kennt, als hätte er sie selber durchgemacht. Bleibt Krankheit für ihn ein abstrakter Begriff, ein pathogenetisches oder pathophysiologisches Geschehen, das er nur von außen ansieht und begreift, kann er nicht heilen. Nur so kann verständlich werden, wenn Steiner jungen Ärzten vermittelt, dass sie lernen müssten, die Krankheit zu lieben.[40] Ohne den geschilderten Hintergrund wäre eine solche Aussage ja absurd. Lieben heißt hier verstehen und die Sinnhaftigkeit oder die Aufgabe zu erlauschen, die eine Krankheit konkret als Gabe des Vatergottes in eine Biografie hineinstellt. Und einmal mehr wird verständlich, dass wir Krankheit nicht bloß vertreiben dürfen. Sie zu heilen heißt, ihren Sinn zu erfüllen.

Ein weiterer Schritt der Selbsterziehung des Arztes ist es, immer auf das *Leben* zu schauen, nicht auf den Tod. Er muss in sich überzeugt sein, dass jede Krankheit heilbar ist, weil ihr tiefer Sinn darin liegt, geheilt zu werden. Er selbst sollte lernen, den Tod nicht zu fürchten, weil er ein ständig wirkender Anteil unseres Lebens ist. Der erst spät in der Forschung entdeckte Zelltod als Apoptose, durch die der Tod neues Leben schafft, ist hierfür hilfreich. Christus ist das Leben, und er hat den Tod „nach dreien Tagen" überwunden, hat in jeden Menschen diese todüberwindende Kraft implementiert. Es hat mich immer fasziniert, dass die Medizin zweierlei Zell- oder Gewebetod kennt, einen vorchristlichen als *Nekrose*, einen christlichen als *Apoptose*. Heute liegt durch Christus in jedem Tod die Möglichkeit zur Auferstehung, des Weiterlebens über den Tod hinaus. Noch einmal verweise ich auf Lawrence LeShan.[41] Er sah die Heilung der Krebskrankheit als den Weg, die eigene Lebensmelodie neu für sich zu entdecken und dann auch zu spielen, d. h. den Lebensweg so zu führen, wie man es einst geplant hatte; auch der zu sein, der man sein oder werden will. Und ihm war das Heilsgeschehen so sicher, dass er schreiben konnte: „Wenn das gelang, und der Mensch lebte dann nur noch diesen Tag und starb am nächsten, war er für mich geheilt"! Das war und ist auch meine Auffassung, ich habe das auch immer wieder erlebt, Heilung über den Tod hinaus. Und wieder wird etwas klar: Eine Überlebenszeit als abstraktes Zeitmaß ist kein Ausdruck von Heilung. Noch dazu wenn man bedenkt, auf welchen Wegen und mit welchen Mitteln man sie erzwingen will und sie oft erzwungen wird.

Tätige Nächstenliebe

Zum Heilen braucht es auch Empathie, Menschenverständnis, Einfühlungsvermögen, christlich gesprochen Nächstenliebe. Auch dieses Wort ruft viele Missverständnisse hervor, ähnlich wie Mitleid. Es wird verständlicher, wenn ich es ergänze zu *tätiger* Nächstenliebe. Denn sie sollte nicht nur ein Gefühl sein, sondern sich möglichst mit dem Willen verbinden. Das ist an dem Evangelien-Urbild des barmherzigen Samariters umfassend ablesbar (Luk. 10,30–37). Aus Samarien stammend ist es ihm verboten, einen Juden zu berühren. Er tut es dennoch, um dem von Räubern Traumatisierten und

Hilflosen zu helfen. Er bringt ihn zum Wirtshaus (als Bild unserer Kliniken), er vermittelt dem Wirt, was zu tun ist, er bezahlt im Voraus, damit auch etwas getan wird. Und für mich ein Höhepunkt: Er übernimmt Verantwortung, wenn er vor seiner Weiterreise sagt, dass er wiederkommen wolle, um zu sehen, ob alles so getan wurde wie vereinbart, und um zu schauen, ob es dem Überfallenen besser geht. Sehr viele Elemente einer mitmenschlichen Medizin sind hier bildhaft angesprochen: die Selbstverständlichkeit des Helfens (jüdische Priester und andere sind bereits vorher vorbeigegangen, ohne zu helfen), das praktische Handeln ohne Rücksicht auf eigene Nachteile (z. B. Verschmutzung der eigenen Kleidung, Verspätung), die Unterbringung zur Versorgung und die Bereitstellung der notwendigen Mittel, das Bewusstsein für seine eigenen Verpflichtungen, derentwegen er unterwegs war, aber auch des Wissens, Verantwortung übernommen zu haben und dieser auch weiter Genüge zu tun. Christus verbindet mit dieser Erzählung die Frage nach unserem Nächsten, die für jeden von uns von Bedeutung ist. Ich fand früh eine Richtung der Antwort durch Goethes „Wahlverwandtschaften". Nächster ist mir, wen ich dazu mache, nicht unbedingt wen mir das Leben auf natürliche Weise neben mich stellte wie Eltern, Geschwister, Verwandte, Klassen- oder Arbeitskameraden. Es ist einmal mehr eine freie Tat, wen ich zu meinem Nächsten mache. Und in der ganzen Erzählung verborgen ist eine weitere Fähigkeit, die ich als Arzt, Pflegender oder Therapeut unbedingt erwerben sollte: der Mut.

Heilmut

Steiner spricht von *Heilmut.*[42] Als ich das zum ersten Mal las, wunderte ich mich. Ich war mir sicher, dass ich ohne Mut nie Arzt sein könnte. Ich erlebte das in den ersten Tagen meiner praktischen Arzttätigkeit auf einer chirurgischen Abteilung. Ich brauchte Mut, eine schwere, skalpierende Kopfhautwunde einer jungen Frau nach einem Autounfall zu nähen. Ich brauchte Mut, in eine gesunde Bauchhaut mit dem Skalpell zu schneiden, um den hochentzündlichen Wurmfortsatz des Blinddarms zu entfernen. In jeder ärztlichen Situation mit einem Kranken braucht es sowohl Erkenntnis- als auch Entscheidungsmut, und wieso dann nicht auch beim Entschluss zu heilen? Was mir selbstverständlich schien, erwies sich als keineswegs so. Gerade die moderne Medizin ist geprägt von Angst, ob sie nun Defensivmedizin genannt wird, ob ärztlich verordnete unerwünschte Arzneimittelwirkungen über Beipackzettel vom Arzt wegdelegiert werden, ob ich Apparate nicht einsetze oder sie rechtzeitig abschalte: an unglaublich vielen täglichen Vorgängen in der Medizin lässt sich ablesen, dass sie viel stärker angst- als mutgeprägt ist.

Mut ist eine sehr spezielle Seelenkraft. Sie ist für mich Ausdruck eines sich selbst bewussten und ganz gegenwärtigen (präsenten) Ichs, das um seine Verantwortlichkeit weiß, das trotz aller Unwägbarkeiten eines Zukünftigen oder ohne zu wissen was genau daraus folgt, handelt. Steiner hat hierfür den Begriff *Geistselbst* geprägt. Diese Kraft ist für uns Menschen noch zukünftig, sie wird sich erst sehr allmählich in Menschen zeigen. Doch ist mutig zu sein ein Weg dahin. Dass es dabei auch Abweichungsmöglichkeiten gibt, Verzerrungen, erkennen wir an Wankelmut und Hochmut. Andererseits gibt es eben auch die Demut, womit wir wieder am Ausgangspunkt der Instrumente oder Techniken des Heilens sind.

Therapiegemeinschaft

Ein weiteres Element des Heilens in unserer Zeit ist die Gemeinschaft der zum Heilen Berufenen. Konnte im Altertum, in den Evangelien, in außereuropäischen nicht-christlichen Kulturen bis in die Gegenwart hinein ein Einzelner ein großer Heiler sein, so braucht es heute – davon bin ich seit Langem zutiefst überzeugt – die Gemeinschaft der Heilenden. Wir haben sie in der Entwicklung unseres medizinischen Impulses, der dann auch zur Gründung der Carl Gustav Carus Akademie führte, die *Therapiegemeinschaft* genannt. In ihr wirken verbildlicht wie in einem gleichseitigen Dreieck, jeweils aus einem der drei Winkel heraus Arzt, Pflegender und Therapeut als Einheit zusammen. In ihrer Mitte steht der Patient. Diese Überzeugung entstammt den Christusworten „Wo zwei oder drei in meinem Namen beisammen sind, da bin ich mitten unter ihnen" (Matth. 18,20). Dieses wundervolle Wort wurde für mich ergänzt durch einen Spruch von Rudolf Steiner, den ich als Ausdruck moderner, christlicher Gemeinschaft erlebte, mit Blick auf den „neuen Glauben": „Heilsam ist nur, wenn im Spiegel der Menschenseele sich bildet die ganze Gemeinschaft und in der Gemeinschaft lebet der Einzelseele Kraft". Denn es ist wie mit der Nächstenliebe: Ich kann den anderen nur lieben, wenn ich gelernt habe, mich selbst zu lieben. Ich muss meine sehr persönlich-individuellen Fähigkeiten in die Gemeinschaft einbringen und zugleich auch erhalten, und so auch die anderen. Wir haben nicht die gleichen Fähigkeiten, jeder bringt seine besonderen ein. Durch ihr Zusammenwirken entsteht für den Patienten eine Einheit. Es ist erstaunlich, welche Heilkräfte durch solche Therapiegemeinschaft entstehen.

Ein kurzes Beispiel soll die folgende Krankengeschichte geben. In unsere Krankenhausabteilung wurde ein junger

Mann eingewiesen, der auf das Abitur zuging und bei dem eine schwerwiegende Blutzellarmut diagnostiziert worden war. Die Anämie, der Mangel an roten Blutkörperchen, war extrem ausgebildet, aber auch die weißen Zellen und die Blutplättchen waren viel zu gering. Der hinzugezogene Hämatologe stellte die Diagnose einer Osteomyelophtise, einer Knochenmarkschwindsucht, für die es damals keine Therapie gab außer Bluttransfusionen. Man gab auch Kortison, wusste jedoch, dass dies nur symptomatisch und vorübergehend wirkte. Der Hämatologe riet den Eltern des in der damaligen Zeit noch unmündigen Sohnes (damals wurde man erst mit 21 Jahren mündig) zu einer Knochenmarktransplantation in den USA, die aber noch ganz in ihren Anfängen steckte und mit hohen Risiken verbunden war. Die Eltern und noch eindeutiger der Patient entschieden sich gegen diesen Weg und setzten alle Hoffnung auf mich und meine Mitarbeiter. Die Mutter hatte einige Jahre zuvor selber an einer schweren Organerkrankung gelitten, die als unheilbar bezeichnet wurde, und war bei uns geheilt worden. So hatte sie tiefes Vertrauen zu unserer Art Medizin und dieses auf Ehemann und Sohn übertragen. Der Sohn wiederum erzählte mir später unter vier Augen, er habe gewusst, dass er gesund werden würde. Ich wäre ihm im Traum erschienen und hätte ihm gesagt „Ich werde dich heilen". – Für uns war das eine große Herausforderung und ein Wagnis. Eine sehr erfahrene Krankenschwester und eine ebenso erfahrene Heileurythmistin bildeten mit mir die Therapiegemeinschaft, die uns für diese Aufgabe „durch dick und dünn" verband. Der Verlauf war zunächst ein ständiges Auf und Ab, Zuversicht und Verzagen wechselten sich ab. An einem Abend waren die Krankenschwester und ich ziemlich ratlos, es schien der Durchbruch nicht zu gelingen. Die Heileurythmistin dagegen strahlte vor

Freude und berichtete, dass der Patient heute zum ersten Mal seine Übung wundervoll harmonisch ausgeführt hätte. Das gab uns anderen sofort wieder Mut und Zuversicht zurück. Und in der Tat, von Stund an ging der Heilungsweg ganz kontinuierlich, wenn auch langsam, voran. Der junge Mann wurde entgegen aller Wissenschaft und schulmedizinischer Überzeugung gesund, sein Knochenmark nahm die Arbeit wieder auf, ja, er wurde nach Abschluss seines Studiums trotz einiger Bedenken des Amtsarztes sogar in ein Beamtenverhältnis übernommen. Er lebt heute, mehr als 30 Jahre danach, mit guter Gesundheit und ohne Beeinträchtigung der Blutzellbildung des Knochenmarks. Zwei Elemente sind aus meinem Erleben hier ausschlaggebend dafür gewesen, dass Heilung eintreten konnte: die unerschütterliche Therapiegemeinschaft und der Glaube „der Berge versetzt" (Matth. 17,20), sowohl des Patienten und seiner Eltern als auch von uns, die diese therapeutische Gemeinschaft gebildet hatten.

Heute arbeitet im ambulanten Bereich der Medizin die überwiegende Zahl der Heilberufe allein. Viele erleben das auch als ihr Bedürfnis, sie wollen nicht so eng mit anderen verbunden sein. Für mich ist das nicht mehr zeitgemäß, zumindest nicht zukunftsfähig. Es braucht die Gemeinschaft als Ausdruck des christlichen Impulses, sie wird gebraucht, damit die „heilenden Geister" mitwirken können. Mir ist bewusst, dass viele meine Überzeugung nicht teilen werden, dass sie sich vielleicht sogar daran stoßen. Ich hatte es als Krankenhausarzt ja auch leichter, Gemeinschaft täglich zu erleben und mich von ihr zu überzeugen. Bei aller Freiheit, wie jeder für sich entscheidet, möchte ich dennoch nicht auf den Hinweis auf die Gemeinschaft verzichten, die ich inhaltlich als Zukunftsimpuls erlebe und von der ich hoffe, dass sich mehr und mehr Menschen von diesem Ideal anstecken lassen mögen.

Wir brauchen keine äußeren Instrumente, wenn wir im Dienste des Heilens tätig werden, sondern innere Seelenfähigkeiten und geistige Präsenz. Und diese wollen andauernd geschult oder geübt werden. Es sind keine Fähigkeiten, die man hat, sondern solche, die man immer neu in sich erzeugen muss. Insofern ist man eigentlich nie fertiger Arzt, sondern immer auf dem Weg, es zu werden. Auch das kann demütig machen und auch dankbar, sich dazu berufen zu erleben. Über allem aber steht die Frage, wie ich mich dem Träger des Heils, dem Christus, verbinden kann und sein „discipulum" werde, was Schüler heißt und von Luther mit „Jünger" übersetzt wurde. Das geht nur über den religiösen Weg, womit nicht ausschließlich ein konfessioneller gemeint ist. Der immer schon beschreitbare ist das Gebet, und Christus gab uns Menschen das Zentralgebet im Vaterunser. Heute tritt die Meditation hinzu, deren eine ich zum Motiv dieses Buches wählte. Es ist meine Überzeugung und auch Lebenserfahrung, dass wir uns ohne Gebet oder Meditation dem Heilen nicht verbinden können. Das Großartige ist, dass wir dies als freien Entschluss und nicht durch ein Gebot vollziehen können. Deshalb ist für mich ja Medizin auch Freiheitswissenschaft.[43]

Die Heilungen in den vier Evangelien

„Denn Gott hat den Sohn nicht in die Erdenwelt gesandt, um die Welt zu richten, sondern um durch ihn die Welt zu heilen" (Joh. 3,17). Das Heilen und einzelne Heilungsgeschichten durchziehen die ersten drei Evangelien von Matthäus, Markus und Lukas, die auch synoptisch genannt werden, als wesentliche Anteile. Immer wieder wird eine bestimmte Erzählung abgeschlossen, gefolgt von dem Hinweis, dass Jesus die Kranken heilte. „So durchwanderte Jesus alle Städte und Dörfer, lehrte in ihren Synagogen, verkündete das Evangelium vom Reich und heilte jede Krankheit und jede Schwäche“ (Matth. 9,35). Und er übertrug die Kraft des Heilens auf seine Jünger. „Und er rief seine zwölf Jünger zu sich und gab ihnen die Vollmacht, die unreinen Geister auszutreiben und jede Krankheit und jede Schwäche zu heilen“ (Matth. 10,1). Am Beispiel des Mondsüchtigen wird gezeigt, dass dies den Jüngern nicht immer gelang. Nachdem Christus den Dämon ausgetrieben und den Knaben geheilt hat, fragen ihn die Jünger, warum ihnen diese Heilung nicht möglich war. Seine Antwort lautet: „Weil euer Glaube zu schwach ist“. Und es folgt das Bild, dass der Glaube Berge versetzen kann (Matth. 17,19–20). An anderer Stelle verweist Christus auf die Voraussetzung der Kraft des Gebetes und des Fastens (Mark. 9,29).

Die Heilungen durch die Jünger erfolgen aus Christi Vollmacht. Für mich heißt das, sie verbinden sich seinen Heilkräften, er heilt durch sie. Und das gilt auch heute noch. Heilen kann ich nur, wenn ich mich mit Christus verbinde, sodass er in mir und durch mich wirksam wird. Einmal mehr leuchtet das Paulus-Wort auf: „Nicht ich, der Christus in mir“. Im Unterschied zur heutigen Medizin fällt auf, dass in den Evangelien weitgehend ohne Arzneimittel geheilt wird! Es steht keine mächtige Pharmaindustrie hinter Jesus Christus und seinen Jüngern. Das Wirksame ist das WORT, der Glaube, der Heilwille, die Berührung, und bezüglich des Kranken auch seine Bereitschaft, sich zu ändern. Darauf werde ich noch eingehen. Rudolf Fritz Weiss hat in seinem „Lehrbuch Phytotherapie“ einen Lehrsatz des Heilgottes Asklepios an seinen Schüler Hippokrates angeführt, leider ohne zu belegen, wo dieser aufgezeichnet ist. Ich habe ihn dennoch weiter belassen, seit ich in Weiss' Nachfolge dieses Buch betreue, weil die Anweisung mir so überzeugend erscheint, besonders mit Blick auf die Evangelien: „Zuerst das Wort, dann die Pflanze, und zuletzt das Messer". Hier wird schon vor Jahrtausenden eine Zukunft angesprochen, die auch heute noch in der Zukunft liegt, und doch immer näher an die Menschheit heranrückt: Heilen durch geistig-seelisch Kräfte, deren größte die Liebe ist. Diese aber ist Wesenssubstanz des Christus. Ich erinnere an Steiners Hinweis, dass der zukünftige Arzt aus Menschenverständnis und Menschenliebe arbeiten müsse.[4] Es gibt eine Heilung, wo Substanz verwendet wird. Bei dem Blindgeborenen im Johannesevangelium mischt Jesus Christus Erde und Speichel zu einem Brei, den er ihm auf die Augen legt und ihn dann zur Waschung zum Teich Siloah schickt (Joh. 9,6–7). Ich werde darauf noch zurückkommen.

Die aus den allgemein gehaltenen Hinweisen im Text wie „und er heilte viele/alle Kranken und Besessenen" herausgehobenen Heilungsgeschichten besonderer Menschen wie der Schwiegermutter des Petrus oder der Tochter des Jairus, von Blinden, Stummen und immer wieder von Dämonen Besessenen sind Bildergeschichten, Imaginationen. Sie werden uns heute nur verständlich mit Blick auf die differenzierte Ganzheit des Menschen in seiner Zusammenfügung von Leib, Seele und Geist. Dazu gehört auch das Verständnis der Gliederung unserer Leiblichkeit in eine stoffliche, lebendige und empfindende Struktur, alle durchdrungen und untereinander verwoben durch eine Wärmeorganisation, in welcher unser Ich wirkt und sich dem Leib als Organismus vermittelt, ihn individuell prägt und erhält. In knappest möglicher Form möchte ich das zunächst an vier Heilungen im Johannesevangelium anschaulich machen (siehe auch die tabellarische

Auflistung der Heilungsgeschichten aller vier Evangelien im Anhang).

Es ist auffällig, dass es bei Johannes nur vier sind und dabei die vierte, die Auferweckung des Lazarus, von vielen wohl gar nicht dazugerechnet würde. Als erstes berichtet Johannes von der Heilung des Sohnes eines königlichen Beamten aus Kapernaum, der bei Lukas auch als Hauptmann benannt wird (Joh. 4,47–54). Dieser sucht Jesus Christus in Kana auf und bittet ihn, seinen Sohn zu heilen, der schon dem Tode nahe sei. Er hat eine Fieberkrankheit, und als Jesus Christus spricht „dein Sohn lebt" verlässt ihn das Fieber, wie es die Diener ihrem heimkehrenden Herrn berichten. Der erkundigt sich nach der Stunde, als das geschah, und erlebt eine genaue zeitliche Übereinstimmung mit dem Worte Christi. Die Basis dieser Heilung, die aus der Ferne vollzogen wird, ist das Vertrauen und der Glaube des Vaters.

Unmittelbar danach folgt die Begegnung und Heilung des Gelähmten am Teich Bethesda (Joh. 5,1–17). Dort lagerten in fünf Hallen viele Kranke (Blinde, Lahme, Ausgezehrte), die darauf warteten, dass ein Engel käme und das Wasser des Teiches bewegte. Wer dann als Erster hineinstieg, wurde gesund. Ein Mensch liegt dort und wartet schon 38 Jahre. Von Jesus Christus angesprochen „Willst du gesund werden?", antwortet der Kranke, der auch als gelähmt beschrieben wird, er habe keinen, der ihn rasch genug zum Teich brächte, und aus eigener Kraft komme er immer zu spät. Christus spricht: „Erhebe dich, nimm dein Lager und wandle", und sogleich stand er auf, nahm sein Lager und ging. Bei einer späteren Begegnung beider wird der Zusammenhang der langen, chronischen Krankheit mit dem Sündigen in Zusammenhang gebracht, denn Christus sagt ihm „Sündige nicht mehr, damit dir nichts Ärgeres geschehe".

Das 9. Kapitel beginnt dann mit der sehr ausführlichen Schilderung der Heilung des Blindgeborenen (Joh. 9,1–41). Die Essenz dieser Erzählung ist nicht einfach zu verstehen: „Zu einer Entscheidung bin ich in diese Welt gekommen: Die Nichtsehenden sollen sehen und die Sehenden sollen blind werden". Und zu den Pharisäern, die ihn fragen, ob sie etwa auch blind seien, sagt er: „Wäret ihr blind, so wäret ihr ohne Sünde, nun aber behauptet ihr, sehend zu sein, und so bleibt eure Sünde bestehen". Vorher hatte Christus wiederholt, dass er in der Menschenwelt das Licht der Welt sei, es ist eines der sieben Ich-bin-Worte, das die Erzählung von der Ehebrecherin abschließt: „Ich bin das Licht der Welt. Wer mir nachfolgt, wird nicht in der Finsternis wandeln, sondern wird das Licht des Lebens haben" (Joh. 8,12). Auf die Frage seiner Jünger, ob die Ursache der angeborenen Blindheit in einer Versündigung des Betroffenen oder seiner Eltern liege, antwortet Christus, weder das eine noch das andere, vielmehr solle an ihm Gottes Wirken sichtbar werden – eine geheimnisvolle Schilderung.

Alle drei Erzählungen haben als Hintergrund ein gestörtes Wirken der Tätigkeit des Ich in seinem Instrument „Leib", der ja bei der Geburt gar nicht ein ich-eigener Leib ist, weil von den Eltern, besonders der Mutter, embryonal gebildet. Steiner nannte diese Phase „Modell-Leib" und seine Menschenkunde schildert, wie dieser vom Ich aus in ca. 20 Jahren zu einem ich-gemäßen Individualleib umgestaltet wird. Im ersten Jahrsiebt ist es die Physis, die ausgetauscht wird, zum Schluss der Zahnwechsel, sodass nun alles Stoffliche des Leibes ich-geprägt ist. Das entspricht der Ausbildung eines individual-eigenen Immunsystems. Und die im gesunden Verlauf oft hochfieberhaften sogenannten Kinderkrankheiten sind davon Ausdruck.[44] Dafür wird im Evangeliumtext das Bild vom Sohn des königlichen Beamten geschaffen.

Die Ich-Formung des individuellen Lebensbereichs als eigne leibliche Organisation des Lebensleibes (oder mit einem älteren Ausdruck: Ätherleibs) wird in der Heilung des Gelähmten am Teich Bethesda verbildlicht. Das Geheimnis einer gesunden Lebenstätigkeit ist ewige (ununterbrochene), strömende Bewegung. Im ruhenden Wasser des Teiches kann keine Heilung erfolgen. Welches großartige Bild eines Engels, der in Abständen das Wasser des Teiches zum Wallen bringt. Haben wir das Geheimnis entschlüsselt, auf welche Art das zirkulierende Gewebswasser, die Lymphe, Speichel, Tränen und vieles mehr eigentlich in Bewegung bleibt? Die Lähmung des 38 Jahre in den Hallen liegenden Menschen beschreibt die Unfähigkeit, sein Lebenswasser im Strömen zu halten, ihm Antrieb zu geben, einen Antrieb, der aus unserer Seele stammt. Ich könnte ihn auch „Initiative" nennen. Und so ist diese Lähmung keine physische, sondern eine seelische, die mit dem alten Begriff der Lethargie wunderbar beschrieben wird. Und wieder ist es eine gestörte Ich-Funktion, als Wille über die Seele bis in jene leibliche Region zu wirken, die wir Stoffwechsel nennen, den wir nur verstehen, wenn wir ihn als eine Lebensfunktion und Ausdruck unseres Willens erkennen. Der anthroposophische Arzt Herbert Sieweke hat einmal treffend formuliert: „Warum ernährt sich der Mensch? Weil er es will!"[45] Wobei hier ein Wille angesprochen wird, der in unseren unbewussten Schichten wirkt.

Bei dem Blindgeborenen betreten wir nun die Welt der Wahrnehmung oder unserer Sinne, verbunden mit der Welt der Empfindungen, die das Leibliche mit dem Seelischen verbindet. Der gesunde Mensch empfindet wahrnehmend sich und die Welt, er registriert nicht wie ein Apparat. Das ist die Subjektivität in der Wahrnehmung, ich kann auch sagen, ihre Färbung. Der hier zugrunde liegende Empfindungsleib hat eine Lichtgestalt, welche auch Aura genannt wird, die sich in vielfältigsten, bewegten Farben äußert. Ihre Konsistenz ist feiner als Luft, sie ist unglaublich bildsam, wir können in sie hinein Eindrücke prägen. Die angeborene Blindheit ist Bild einer allgemein menschlichen Stumpfheit dieser Leibesregion.

Die Menschen sehen den Wald vor Bäumen nicht, sie sind immer gleichgültiger geworden, das heißt es gilt ihnen alles gleich. „Cool" ist dafür ein moderner Ausdruck. Deshalb wird in dem Blindgeborenen auch keine persönliche Schuld angesprochen, sondern das Bild der Geistferne, auch der Gottesferne. Man denke an Saint Exupérys Aussage, man sähe nur mit dem Herzen gut, also empathisch; das Wesentliche bliebe den Augen verborgen (unsichtbar).[46] In den Evangelien klingen immer wieder die erstaunlichen Worte auf: „Wer Augen hat zu sehen, der sehe! Wer Ohren hat zu hören, der höre"! Ja, was denn sonst? Und doch: Ist es nicht das Grundproblem unserer Zeit, dass viele, ja wohl die meisten Wahrnehmungen nicht ich-geführt sind, dass sie uns am Bewusstsein vorbei aufgezwungen werden, dass wir zum Sehen, Hören, Riechen oder Schmecken gezwungen werden? Oder dass wir uns so daran gewöhnen, dass wir die Wahrnehmungen nicht mehr bemerken! Gerade in den Städten wirkt vieles über unsere Sinne ein, ohne von uns bemerkt zu werden.

Geschmackskorrigenzien, Aromen in der Nahrung, Parfüme, Deodoranzien – eine große Fülle von Sinneswahrnehmungen verlaufen unterbewusst an unserer Abwehr, d.h. dem bewussten Erfassen vorbei. Deshalb die Sehenden, die blind sind, und die Nichtsehenden, die sehen werden. Ich denke hier an den blinden Jaques Lysseyran und seine Autobiografie, die er „Das wiedergefundene Licht" nannte.[47] Wir können in der Philosophie auch auf Kant sehen, der uns vermittelte, dass wir die Dinge zwar sehen (hören, schmecken etc.), jedoch nicht „das Ding an sich“! Das aber wäre das Wesentliche oder einfach das Wesen. Die unsichtbare Welt in uns und um uns, die wir elementar, seelisch und geistig nennen können, die „in den Dingen“ ist, bleibt für uns unsichtbar, wir sind für sie blind. Wir sind die Blindgeborenen! Doch unser Ich kann auch Organe für das Unsichtbare öffnen, Seelenorgane, die in jedem von uns veranlagt sind und darauf warten, geweckt zu werden.[48]

Die Heilung des Blindgeborenen ist Bild für den Evolutionsschritt, den wir heute machen müssen. Doch mit großer Macht und Gewalt wollen die Pharisäer und Schriftgelehrten unserer Zeit das verhindern (natürlich nicht als einzelner Mensch, aber als Zwang des Systems). Nur das mit den natürlich gegebenen Sinnen Wahrgenommene ist Wirklichkeit, doch zunehmend nehmen wir nur das von Apparaten Registrierte wahr. Und um diese Einschränkung zu intensivieren und zu manifestieren, wird eine Pseudowelt der Wahrnehmung geschaffen, die virtuell genannt wird.

Die Auferweckung des Lazarus

Und dann folgt als Höhepunkt oder Kulmination der Ich-Leib-Frage die Erzählung von der Auferweckung des Lazarus (Joh. 11,1–53). Diese ist vielschichtig und ein zentrales Ereignis im Johannesevangelium, deren Bedeutung weit über den Anteil hinausgeht, den ich als ihren ärztlich-medizinischen Aspekt herausgreifen möchte. Lazarus ist schon früher als ein reicher Jüngling erwähnt worden, der nach dem Erlangen des Reiches Gottes fragte und letztlich die Antwort bekam, dass er als entscheidenden Schritt sich von allem materiellen Besitz trennen müsse (Matth. 19,16–26). Und es wird betont, dass er sehr reich war. In diesem Zusammenhang folgt auch das Bild vom Kamel und dem Nadelöhr, wobei Letzteres der Name des kleinsten Stadttores in Jerusalem war. Lazarus gehörte nicht nur durch seinen Reichtum (ein Drittel Jerusalems soll ihm gehört haben), sondern auch durch seine Abstammung zur Elite der Juden. Gemeinsam mit seinen Schwestern Martha und Maria war er eng mit Jesus Christus befreundet, dieser war oft in deren Haus in Jerusalem. Deshalb berührt es so sonderbar, dass Jesus Christus nicht sogleich zu ihm eilt, als ihm von dessen Kranksein berichtet wird, sondern noch zwei Tage dort bleibt, wo er gerade war. Erst dann fordert er die Jünger auf, mit ihm zu Lazarus zu gehen, weil dieser gestorben war. Er sagt „eingeschlafen", sprach aber vom Tod. Er, der so vielen heilend half, geht zu einem Freund, von dem es heißt, dass er ihn liebte oder lieb hatte, erst nach Tagen und nimmt in Kauf, dass Lazarus stirbt. Er hatte allerdings schon bei der Nachricht vom Kranksein gesagt, dass diese Krankheit nicht zum Tode sei, sondern zur Offenbarung Gottes, des Gottessohns. Lazarus geht durch ein Todeserlebnis, das primär sein Ich betrifft. Aus seinem Verbundensein mit Christus ist ihm klar geworden, dass er sein bisheriges Leben hinter sich lassen muss, um seiner eigentlichen Berufung zu folgen. Er muss sich von allem äußeren Besitz trennen, auch dem Ansehen seines Standes, seinem bisherigen Leben in der Oberschicht der Juden, um der Jünger zu werden, „den der Herr lieb hatte".

Hier erleben wir das Bild der Wandlung zu einem neuen, anderen Leben durch die Krankheit, ein Urbild aller ernsteren bis lebensbedrohlichen oder auch chronischen Erkrankungen. Das scheint mir die zentrale Ich-Frage solcher Krankheiten zu sein, die Frage „Wer bin ich?", ergänzt um die Frage der eigenen Berufung, wie sie Lawrence LeShan mit seinem Bild der Lebensmelodie im Zusammenhang mit der

Krebskrankheit ansprach.[38] Bei dieser Entscheidungssituation muss das Ich durch den Tod gehen, um zu neuem Leben auferstehen zu können. Angelus Silesius kommt mir in den Sinn: „Wer nicht stirbt, bevor er stirbt, der verdirbt, wenn er stirbt". Ein Aspekt dieses Todes heißt Verzicht, ein anderer Selbsterkenntnis. Wir finden hier ein einmaliges Bild für das therapeutische Gespräch, wenn es um die Frage der Bewältigung schwerer Krankheiten geht, „die der Vater schickt zum Ausgleich des Karma".

Es ist noch ein Gestammel, mit dem ich hier die Urgeste der Heilungen im Johannesevangelium anspreche. Es werden sich noch ganz andere Perspektiven auftun, je mehr und je intensiver der meditative Weg in diese Imaginationen führt. Sie sind mir Leitbilder geworden, um die Unterschiedlichkeit der Krankheitsgesten und ihrer spezifischen Heilungen zur Anschauung zu bringen und ihre Gesetzmäßigkeiten in meine praktische Arbeit einfließen zu lassen. Sie führten mich zu der Krone aller Therapie, dem therapeutischen Gespräch, zu Menschenverständnis und zu Menschenliebe. Und sie ließen mich auch immer besser verstehen, wie zentral die Ich-Frage bei allen Krankheiten verborgen erscheint, wie die Urgesundheit des Geistigen hier Wurzel des Heilens ist. Ich konnte immer differenzierter sehen, welchen Beitrag Kunst, Pflege oder Arznei jeweils leisten, und was vor allem der Mensch als Patient selber leisten muss, wenn Heilung eintreten soll. Diesen Teil habe ich leibliche und seelische Diäthetik genannt.[49] Doch zuvorderst steht das WORT, denn das Heilsgeschehen bei Lazarus erfolgt durch Christi Ruf: „Lazarus, komme heraus". Er ruft diese Worte mit „mächtiger Stimme" (Joh. 11,43). Und wir schlagen den Bogen zu dem Beginn des Evangeliums, seinen Prolog: „Im Urbeginne war das Wort". Ich erlebe im Johannesevangelium eine eigenständige Menschenkunde, die ich noch in einem gesonderten Kapitel ansprechen möchte.

Schaue ich nun auf die anderen drei Evangelien von Matthäus, Markus und Lukas, so sehe ich eine Verwandtschaft untereinander und auch zum Johannes-Evangelium sowie auch Unterschiede. Zunächst ist in den drei ersten Evangelien die Zahl der berichteten Heilungsgeschichten viel größer, zum Teil übereinstimmend, zum Teil auch einmalig. Und wieder gilt grundsätzlich, dass es Bildergeschichten sind, die nicht äußerlich wie ein journalistischer Tatsachenbericht genommen werden können, sondern durch mich, ja jeden von uns, in ihrer Aussage entschlüsselt werden möchten wie ein Gemälde, eine Sinfonie, wie die Märchen und alle Mythologie. Ich muss die Bildgeschichten auf mich wirken lassen, sie in mir nachschaffen, sie in mir zum Erlebnis bringen, bis sie von sich aus bereit sind, ihr eigentliches Wesen, ihre Botschaft mitzuteilen. Der Leser möge an dieser Stelle einmal darüber nachdenken, wie sehr dieses eigene innere Bildschaffen angegriffen oder auch nur erschwert wird durch eine fertige Bildwelt, beginnend mit dem Kino über das Fernsehen bis hin zum Laptop, die alle eine Sinnes-*Täuschung* sind.

Ich muss *einfach* werden wie ein Kind, voller Staunen, ohne Vorurteil. Ich könnte auch von Naivität sprechen. Auch bei den vielen Gleichnissen, die Jesus Christus erzählt, muss er ihre Botschaft den Jüngern auf deren Fragen hin erst übersetzen, und häufig unterscheidet er, ob er „zum Volke" spricht oder aber zu seinen Schülern, die in ihrem Auffassungsmöglichkeiten schon weiter sein könnten, weil er sie schon länger unterwiesen hat, man denke nur an die Bergpredigt. Und doch muss er immer wieder feststellen, dass sie IHN nicht verstanden haben. Dabei sind es hauptsächlich zwei Fähigkeiten, die er ihnen als Mangel entgegenhält: Es fehlt ihnen der Glaube und ihre Herzen sind verhärtet. Auf den Glauben will ich später noch ausführlicher zu sprechen kommen.

Die Herzverhärtung jedoch ist die schon bei den Blindgeborenen angesprochene gestörte Wahrnehmung. Eine ganz früh in den Evangelien auftauchende Voraussetzung, die neu anbrechende Zeit wahrhaftig wahrnehmen zu können, wird erst von Johannes dem Täufer ausgesprochen und später von Jesus Christus aufgegriffen: „Ändert euren Sinn", ergänzt um den Hinweis „denn das Reich Gottes ist nahe herangekommen" (Matth. 3,1–3; 4,17). Die Welt, die unsere Sinne uns heute auf angeborene und natürliche Art erschließen, die „Dinge", die wir wahrnehmen, sind nur ihre Außenseite, nicht ihre ganze Wirklichkeit oder ihr Wesen. Letzteres offenbart sich als „Reich Gottes" erst dem geänderten Sinn, der über die Außenwahrnehmung in den inneren Schöpfungskern eindringt, das durch die göttliche Schöpfung Veranlagte, Gewollte. Das ist gemeint, wenn ich gemahnt werde, mit meinen Ohren zu hören, mit meinen Augen zu sehen. Denen ist das Wesentliche verborgen (Exupéry), und doch kann ich es sehen, hören, schmecken, riechen, wenn ich das natürlich Gegebene in meinen Sinnen übend verändere, sodass sie auch das Wesentliche, das Ding an sich, wahrnehmend erkennen lassen. Das hat Goethe in seinen naturwissenschaftlichen Studien mit dem Schwerpunkt der Pflanzen praktiziert und in seinen vielfältigen Schriften dargestellt, die der junge Rudolf Steiner für die von Joseph Kürschner herausgegebene Gesamtausgabe („Deutsche National-Litteratur") kommentierte und editierte.[50] So sind die Evangelien Schulungsbücher einer neuen, seelischen und geistgemäßen Wahrnehmungsfähigkeit. Dieser steht jedoch mit großer Gewalt entgegen, was eben die Herzverhärtung genannt wird, eine pathologische Veränderung unserer Sinne in der Stufenfolge von Starr*sinn*, Schwach*sinn*, Wahn*sinn* und Blöd*sinn.*[51, 52]

Ich werde versuchen, soweit es mir selber anfänglich möglich wurde, an einigen Beispielen den tieferen Bildgehalt der Heilungsgeschichten wahrnehmbar zu machen, aus der äußeren Schilderung in den Kern vorzustoßen, um die Brücke zu einer modernen Medizin unserer Zeit und ihrer Zukunft zu schlagen.

Der Aussätzige

Der Aussatz oder die Lepra ist eine auch heute noch existierende und exakt beschriebene Infektionskrankheit. Sie ist trotz aller moderner Hygiene und Arzneimittel noch weit verbreitet, mehr als fünf Millionen Menschen mit Lepra soll es weltweit geben und jedes Jahr sollen etwa eine Million Neuinfektionen hinzukommen. Durch den bakteriellen Erreger Mycobacterium leprae existiert eine Verwandtschaft zur Tuberkulose, und eine Form der Lepra wird auch als tuberkuloid bezeichnet. Sie betrifft vor allem das männliche Geschlecht und beginnt vorwiegend in jugendlichem Alter.[53] Die Ansteckungsgefahr war schon zur Zeit des Jesus von Nazareth bekannt, die Erkrankten wurden aus der Gesellschaft ausgeschlossen, waren Ausgestoßene, vor allem Unberührbare, denn die Krankheit zeigte sich ja in schlimmen Verstümmelungen der Haut. Insofern wird bei den Heilungen Aussätziger gegen zwei strenge Gesetze der Juden verstoßen: der Kranke durfte sich weder zeigen noch sich Jesus und den ihn begleitenden Menschen nähern; und Jesus durfte ihn auf keinen Fall anfassen. Doch genau das geschieht. Der Aussätzige kommt, fällt auf die Knie, bittet Jesus ihn zu heilen, Jesus erbarmt sich seiner, berührt ihn und spricht „werde rein", und alsbald „wurde sein Aussatz gereinigt“ (Matth. 8,1–4) bzw. „fiel von ihm ab“ (Mark. 1,40–45).

Voraussetzungen dieser Heilung sind der Wille zum Heilen („wenn du willst, kannst du mich rein machen“), die Barmherzigkeit des Heilenden („voll Erbarmen streckte er seine Hand aus, rührte ihn an und sprach zu ihm: ich will, werde rein“), das Mittel der Berührung, und die Aufforderung, über das Geschehene zu schweigen, jedoch sich dem Priester als Gereinigter zu zeigen, damit dieser ihn wieder als gesellschaftsfähig anerkennt. Ich denke, dass wir es hier mit der Heilung einer physisch-organischen, sichtbaren Erkrankung zu tun haben, einer Krankheit des physischen Leibs. Die Ursache jedoch liegt tiefer, sie wird als Unreinheit bezeichnet. Reinheit ist ein umfassender Begriff, dessen Zentrum im Seelischen liegt. Die wichtigste Voraussetzung aller Heilung war im Altertum die Katharsis, die äußere wie innere Reinigung eines Menschen, ehe er in den Heiltempel aufgenommen wurde. Und hier erlebe ich die Botschaft dieser Heilung: Den physisch-organischen Erkrankungen liegt eine „Verunreinigung“ im Leiblichen und Seelischen zugrunde, die es zu beseitigen gilt, wenn die Krankheit geheilt werden soll.

Schauen wir auf die Infektionskrankheiten und ihre „Erreger“, Bakterien, Viren und andere. Nach ihrer Entdeckung entbrannte ein heftiger Streit, ob sie überhaupt Ursache oder nur Begleiterscheinung von Krankheiten seien. „Der Erreger ist nichts, das Terrain ist alles“, notierte der bedeutende Hygieniker Max von Pettenkofer (1818–1901). Auch Steiner trat der Theorie der Verursachung entgegen, verwies jedoch auf die diagnostische Seite der sogenannten Erreger. Sie ließen erkennen, was im Organismus so gestört sei, dass sie ihr „Terrain“ fänden. Und auch die moderne Immunologie hat gezeigt, dass im Immunsystem die Möglichkeit liegt, jede

Fremdheit im Organismus zu bemerken und zu bearbeiten, entweder durch Aneignung („Verdauung") oder durch Elimination. Fasst ein Erreger Fuß im Organismus, hat die Immunabwehr versagt. Sie war vielleicht blind, abgelenkt, oder einfach gelähmt, aktionsunfähig.

Alle Art von Ansteckung zeigt immer diese aktive Seite dessen, der sich ansteckt, zeigt auch, dass Ansteckung nicht zwingend ist, vielleicht auch eine Willensfrage eines tief inneren, unbewussten Willens, der in uns in den organischen Funktionen wirkt, von denen unser Bewusstsein keinerlei Kenntnis hat. Und zu der ganzen Frage gehört ja auch, wie wir eigentlich ein massiges bakterielles Mikrobiom in unserem Darm, auch auf der Haut nicht nur dulden, ohne krank zu werden, sondern es sogar in den Dienst des Organismus stellen. Unreinheit in diesem Zusammenhang bedeutet also auch, dass Bakterien an Stellen auftreten, wo sie im Gesunden nicht hingehören. Unreinheiten hat die alte Medizin bis ins 19. Jahrhundert auch Verschlackungen genannt, oder auch Dyskrasien.

Der schon mit seiner Autobiografie angesprochene blinde Jaques Lusseyran („Das wiedergefundene Licht"), französischer Widerstandskämpfer und späterer Pädagoge in den USA, hat einen bemerkenswerten Essay mit dem Titel „Gegen die Verschmutzung des Ich" geschrieben.[54] Er fragt sich, warum er immer öfter von der drohenden Umweltverschmutzung hört und liest, aber so gut wie gar nichts über die ebenso latent vorhandene und zunehmende Innenweltverschmutzung.

Alles, was wir über die Sinne als Wahrnehmungen aufnehmen, muss ebenso wie die Nahrung oder die Luft, die wir einatmen, verdaut werden, darf nicht so bleiben, wie sie ist. Aber kann das heute ein Mensch der technisch geprägten

Welt bei der Überflutung mit Sinneswahrnehmungen überhaupt? Meine Antwort heißt „Nein". Jeder von uns trägt Halden unverdauter oder unverdaulicher Wahrnehmungsanteile in sich, die sich ablagern und ein Eigendasein führen, unbemerkt von uns und unserer Immunität. Das kann nur durch Krankheit aufgedeckt und beantwortet werden. Ein Beispiel möge das verständlicher machen. Durch übertriebenes Feinschmeckertum, das mehr mit den Augen isst als mit dem Geschmacksinn, das nicht in das Innere des Gegessenen, sein Wesen, dringt, sondern oberflächlich im Genuss verbleibt, schaffen wir die Voraussetzung, dass sich Viren am organspezifischen Immunsystem der Leber vorbei in den Leberzellen ansiedeln und vermehren können. Die Leber ist Sitz des Geschmacksinns, des Schmeckens, und zwar des inneren Wesens eines Stoffes, seiner Qualität. Wird das Schmecken nur oberflächlich vollzogen, schaffen wir durch Schwächung des Sinnes das Terrain, in welchem sich Viren wohlfühlen und ansiedeln können. Bleiben sie gar unentdeckt, können sie sogar Leberkrebs provozieren. Man bezeichnet so eine Situation eines Menschen, der keine Krankheitssymptome zeigt, als Carrier-Funktion. Er ist „Träger" des Fremden, ohne es zu bekämpfen. Tut er Letzteres, dann folgt über das Immunsystem eine Entzündung der Leber, um die Viren zu eliminieren. Besonders hohes Fieber von über 39°C ist fast eine Garantie dafür, die Viren zu besiegen. Die Entzündung der Leber ist nicht die Krankheit, sondern der Versuch, die virusbeladene Leber wieder zu „reinigen", zu gesunden.[55]

So betrachtet, steht die Heilung des Aussätzigen viel genereller für alle Krankheiten im Physisch-Organischen, die nur geheilt werden können, wenn das Terrain, leiblich wie seelisch, „gereinigt" wird, d.h. ganz von allem Fremden befreit und ausschließlich vom Ich durchdrungen ist. So spielt die seelische Gesundheit als Voraussetzung der Heilung einer organisch erscheinenden Krankheit die entscheidende Rolle. Wieder treffen wir auf eine faszinierende Aussage Steiners, der die wesentlichen Ursachen für leiblich-organische Krankheiten in der Seele sieht und Krankheitserscheinungen in der Seele auf leiblich-organische Ursachen zurückführt. Diesen Zusammenhang zeigt auch eine kleine Nuance der Heilungsgeschichte vom Aussätzigen. Der Priester, also der *Seels*orger, soll feststellen, dass er geheilt, und wieder „rein" ist! Und eine persönliche Anschauung sei noch ergänzend angefügt. Die Nähe der Lepra zur Tuberkulose hatte ich erwähnt, und ich hatte auch eine Krankengeschichte dargestellt, die die krankmachende Wurzel der Tuberkulose in der Überwältigung des inneren Lichts durch die Kräfte der Finsternis sah. Auch die Lepra kann in dieser Konstellation gesehen werden, und dann ist es das Christus-Licht, das hier Heilmittel wird. Christus selber nennt sich ja das Licht der Welt, und alle Gesundheit in uns entspringt diesem Licht, das jeder Mensch originär in sich bildet.[56]

Der organische Ort hierfür ist unser Nierensystem, das zugleich Reinigung und Klärung durch Filtration des Blutes bewirkt. Das wird auch im Lukasevangelium angesprochen, wenn es dort heißt: „Die Lichtquelle deines Leibes ist dein Auge. Solange dein Auge unbefangen und hell ist, ist auch dein ganzer Leib durchlichtet; ist es aber verdorben, so ist auch dein Leib finster. Darum gib acht, dass das Licht in dir nicht Finsternis ist. Wenn dann dein ganzer Leib durchlichtet ist und kein Teil an ihm noch finster, dann wird er völlig leuchtend sein. Wie wenn ein heller Blitz dich ganz und gar durchstrahlt" (Luk. 11,34–36). Das ist eine andere Beschreibung jener Gesundheit, wie sie hier von mir gemeint ist.

Die verdorrte Hand

Auch die Heilungsgeschichte von der verdorrten oder vertrockneten rechten Hand eines Mannes kommt in den drei synoptischen Evangelien vor (Matth. 12,9–14; Mark. 3,1–6; Luk. 6,6–11). Es ist eine sehr kurze und wenig spektakuläre Erzählung, die scheinbar vor allem dadurch Bedeutung hat, dass sie am Sabbat in einer Synagoge in Anwesenheit der Pharisäer und Schriftgelehrten geschieht. Nach ihren Gesetzen darf am Sabbat nicht geheilt werden und sie hoffen Grund für eine Anklage zu finden, wenn Jesus es dennoch tut. Jesus Christus durchschaut sie und stellt den Mann in die Mitte ihres Kreises und fragt sie, ob man am Sabbat nichts Gutes tun dürfe, ob ein Hirte, dessen Schaf in eine Grube fiel, es daraus nicht befreien dürfe? Und als sie schweigen, verweist er auf die Verhärtung („Sclerosis") ihrer Herzen, heilt die Hand, nachdem er den Mann aufgefordert hatte, sie auszustrecken.

Die menschliche Hand ist eine Besonderheit und ein Kunstwerk zugleich. Dürer hat sie zu einem berühmten Bild gestaltet. Nichts im Tierreich ist ihr vergleichbar, auch nicht die Greifwerkzeuge eines Primaten. Im Tierreich sind es Pfoten, Krallen, Tatzen, Klauen oder Hufe. Jede Hand aber ist Ausdruck der Individualität eines Menschen, bis in die Zeichnung der Fingerlinien hinein zeigt sich unser Ich, aus den Handlinien kann ein Blick in die Biografie getan werden. Mit den Händen gestalten wir die Welt, sie verbinden uns mit Zukünftigem, durch sie können wir handeln. Auch im Handwerk finden wir diese Beziehung, therapeutisch in der Behandlung als Mittelpunktsgeschehen aller Therapie, auch im Händeauflegen, wie es als Heilungstat des Jesus Christus vielfach erwähnt wird. Für die Messe oder den Gottesdienst als zentrales Sakrament des christlichen Kultus verwendete Steiner für die „Christengemeinschaft“ den Begriff Menschenweihe*hand*lung.

Unsere Hände sind ganz wichtige Erkenntnisorgane, was dadurch ausgedrückt wird, dass wir etwas *begreifen*. Steiner sagt einmal mit Blick auf die Pädagogik, dass wir mehr mit den Händen und Füßen denken als mit dem Kopf. „Unsere Fingerbewegungen sind in hohem Maße Lehrer der Elastizität unseres Denkens“.[57] Das kann man bei Vortragenden beobachten, besonders bei romanischen Völkern. Doch das Hand-Denken ist ein praktisches, nicht wie das Kopfdenken ein abstrahierendes. Hier kann der Zusammenhang der Hände mit dem Herzen entdeckt werden, der kein äußerlich anatomischer ist, sondern ein seelisch-dynamischer. „Hand auf's Herz“ meint Aufrichtigkeit, im Christussinne kann ich auch sagen: Wahrheit. Denn das zukünftige Menschsein, auch unser Denken, will sich der Wahrheit verbinden, und es heißt ja „die Wahrheit wird uns frei machen“ (Joh. 8,31–32). Die (offizielle) wissenschaftliche Medizin hat sich von der Wahrheit abgewandt, sie will sie nicht wissen, sie will lediglich den Irrtum so weit wie möglich vermeiden (Köbberling).[58] Und das versucht sie mit der Wahrscheinlichkeitsrechnung, Grundlage aller Statistik. Diese Schnittstelle von einem vergangenen Denken zu dem zukünftigen, das Steiner auch „reines“ Denken nannte, steht bildhaft in den Evangelien durch die Gestalt des römischen Statthalters Pontius Pilatus. Er fragt den Christus „Was ist Wahrheit?“ Und kommt zu der Erkenntnis, dass sein Gegenüber Bild des wahrhaften Menschentums ist: „Siehe, der Mensch – ecce homo“.

Die verdorrte Hand ist Bild unseres Denkens, an die Vergangenheit gefesselt, durch Gesetze, heute Paragraphen, gebunden, unfrei, eigentlich tot. Ihre Heilung heißt das Denken zu befreien und auf die Zukunft zu richten, wie Steiner es in der „Philosophie der Freiheit" ausarbeitete. Interessant, dass ich mich dazu selber entschließen muss, dass ich es wollen muss: „Strecke deine Hand aus". Worte von Prof. Thure von Uexküll kommen mir wieder in den Sinn, gesprochen in einem Vortrag im Ärztlichen Verein der Ärztekammer Hamburg 1996: „Die Medizin hat im 20. Jahrhundert den Geist aus sich heraus getrieben. Und es wird höchste Zeit, dass sie ihn wieder herein bittet".[2]

Die Gelähmten

Ich bin überzeugt, dass die verschiedenen Heilungsgeschichten der Gelähmten alle eine gemeinsame Wurzel haben: Antriebs- und Initiativlosigkeit. Das griechische Wort hierfür sehe ich in der Lethargie. Wieder ist es primär der Wille, der nicht vom Ich ergriffen wird und gelähmt ist. Bei den verschiedenen Formen der Depression ist immer auch die Antriebskraft gestört, beim depressiven Stupor in geradezu extremer Form. Es wurde schon darauf hingeschaut, dass das seelische Element unseres Willens sich auf den Leib und seine Organe überträgt, indem er Stoffwechselvorgänge intendiert. Ein Zentralorgan hierfür ist die Leber und ihr Gallesystem. Dabei haben der Zuckerstoffwechsel und das diesen regulierende Insulin und seine Bedeutung für die Muskulatur eine wichtige Funktion. Bei den Krankheitsbildern des gelähmten Knaben vom Hauptmann von Kapernaum (Matth. 8,5–13), dem Gelähmten (Luther übersetzt Gichtbrüchiger), den seine Freunde zu Christus auf einer Bahre tragen und, um ihn zu erreichen, durch das Dach eines Hauses vor seine Füße niederlassen (Luk. 5,18–26); der Frau, die seit 18 Jahren völlig verkrümmt war und sich nicht aufrichten konnte (Luk. 13,10–17) oder auch bei dem schon betrachteten Gelähmten am Teich Bethesda (Joh. 5,1–17), immer liegt eine Willensstörung zugrunde, die durch Christus geheilt wird. Die Ursachen mögen unterschiedlich sein; einmal ist von Sünde die Rede, bei der Frau von Satan, der sie fesselte, auch bei Johannes wird die Sünde angesprochen.

Überträgt man das zugrundeliegende Problem auf die heutige Zeit, so sehe ich alle Bilder als Ausdruck rheumatischer Erkrankungen. Ihre Differenziertheit hat die Gemeinsamkeit, dass sie vom Binde- und Stützgewebe ausgehen, weshalb auch von Kollagenosen gesprochen wird. Polyarthrose, rheumatoide Arthritis, Polymyalgie, Morbus Bechterew, auch die Gicht haben eine gemeinsame Wurzel oder Causa, wenn auch ganz verschiedene Auslöser. Bei Rudolf Steiner finden wir das rheumatische Geschehen in einem prägnanten Satz zusammengefasst: „Der vom Ich nicht vollzogene Stoffwechsel offenbart sich im Rheumatismus".[59] Zu seiner Zeit war das noch der Oberbegriff dieser Krankheiten. Sie sind also Ausdruck davon, dass das Ich seine Willensnatur nicht in die leiblich-organischen Stoffwechselvorgänge (Metabolismus) übertragen kann. Und auch hierfür mag es unterschiedliche Ursachen geben, die zu den verschiedenen Ausprägungen rheumatischer Erkrankungen führen.

Eine Ausdrucksform der Intensivierung der Ich-Willenstätigkeit im Leib ist das Fieber und die ihm verbundene Entzündungstätigkeit. Früher war das Streptokokken ausgelöste, akute rheumatische Fieber Jugendlicher eine gefürchtete Krankheit, die durchaus tödlich verlaufen konnte und oft mit Folgeschäden, besonders am Herzen und seinen Klappen, einherging. Wir können in diesem Zusammenhang auf den Knaben des Hauptmanns oder königlichen Beamten von Kapernaum hinschauen, der bei Lukas als gelähmt geschildert wird, bei Johannes als vom Fieber ergriffen.

Wer je Menschen mit fortgeschrittenem Morbus Bechterew erlebt hat, kann das Bild der im Laufe von 18 Jahren immer mehr gekrümmten Frau verstehen, die sich nicht mehr aufrichten konnte. Hier kommt eine Ursache in Betracht, die mit der besonderen Fähigkeit unserer Wirbelsäule zusammenhängt: der Aufrichtekraft, die es so ja auch nur beim Menschen gibt und die sich als eine reine Ich-Funktion erweist. Seelisch entspricht dem die „Aufrichtigkeit", eine Verbindung von Wahrhaftigkeit und Ehrlichkeit. Ihr Gegenpart ist die Lüge, auch die Verleumdung. Und beide wurden in vergangenen Zeiten als Eigenschaften Satans gesehen. So nennt auch Goethe Mephistopheles einen „Lügengeist". Diese gekrümmte Frau war 18 Jahre „vom Satan gefesselt", wie es bei Lukas heißt, und Christus befreit sie davon. Wieder führen uns die Bilder und ihre Entschlüsselungen dazu, die Hintergründigkeit solcher leiblich-organischen Krankheiten zu sehen und ihre Ursachen im seelischen Raum zu entdecken. Deshalb ist es für die zukünftige Medizin so wichtig, aus der Vordergründigkeit in Erscheinung tretender Symptome herauszutreten und die wirklichen Geschehnisse zu entdecken, die immer ein Wechselspiel von Leib und Seele sind, weshalb jede Erkrankung immer psychosomatisch verstanden werden muss. Es gibt keine nur organischen oder nur seelischen Erkrankungen, immer sind beide Bereiche betroffen, mal primär der Leib mit Auswirkungen in die Seele hienein, mal diese mit Auswirkungen in das Organ. Deshalb kann Heilung, ja auch nur Therapie, nie eindimensional sein, sondern sollte immer in beiden Bereichen wirken, „psychosomatisch"!

Die Blinden, Stummen und Tauben

Ganz sicher sind die Heilungsgeschichten, bei denen die Krankheit Sinnesorgane wie Auge oder Ohr betrifft, auch als reale Geschehnisse zu nehmen. Und doch suche ich auch hier den Bildcharakter auf, denn die Evangelien beginnen mit dem Anruf „Ändert euren Sinn", es könnte auch heißen „eure Sinne". Oft kommt die Aufforderung vor „Wer Ohren hat zu hören, der höre". Im Lukasevangelium wird das noch einmal direkt zu den Jüngern gesprochen: „Und zu den Jüngern im Besonderen sich wendend, sagte er: Begnadet sind die Augen, die sehen, was ihr seht. Denn ich sage euch: Viele Propheten und Könige wollten hören, was ihr hört, und haben es nicht gehört" (Luk. 10,23–24). Immer wieder werden Auge und Ohr angesprochen, Vermittler des Lichtes und des Wortes. Doch haben wir zwölf Sinne und dazu gehörende Organe, wie Rudolf Steiner über viele Jahre diese zwölfgegliederte Sinneslehre erarbeitet hat.[60,61] Der Sinn ist ein ganz geistiges Prinzip, er beschreibt das, was in diesem Buch als Wesen der Dinge oder – mit Kant – „das Ding an sich" genannt wird. Das lässt auch unsere Sprache erkennen, wenn etwas Sinn macht oder auch nicht, sinnvoll oder sinnlos ist. Sinn ist eine Ich-Erfahrung, und die Instrumente dazu nennen wir Sinnesorgane. Sie sind leiblicher Natur, wenn auch längst nicht immer anatomisch fassbar wie Auge und Ohr. Und die Vermittlung zwischen Organ und Ich erfolgt durch Sinnestätigkeit und Sinnesprozess.

So ist unsere Sinneswahrnehmung vierfach gegliedert, und auf jeder Ebene – der organischen, lebendigen, seelisch empfindenden und geistig-erkennenden – kann sie gestört sein. Steiner spricht in dem Kurs für Ärzte und Priester von Schwachsinn (Lebensstufe), Wahnsinn (seelische Empfindungsstörung) und Blödsinn (geistige Stufe, Erkennen). Ich habe als physisch-organische Stufe den Starrsinn ergänzt, und als eine Besonderheit speziell mit Blick auf die Krebskrankheit den Irrsinn hinzugefügt.[62]

Wieder ist hier aber nicht der Ort, ausführlicher auf diese Sinneslehre einzugehen. Es geht um das Verständnis der Heilungen von Blinden, Tauben und Stummen. Es geht darum, zu entdecken, dass die Sinnesorgane Tore zur Welt und auch zu uns selbst sind, ohne die kein Welt- oder Selbstverständnis möglich ist. Jede Störung eines Sinns bzw. seines Organs bedeutet Verfälschung der Wahrnehmung, führt uns aus der Wirklichkeit. Es hat mich immer berührt, dass in dem Wort Wahrnehmung der Anteil „Wahr" enthalten ist. Der Mensch heute muss immer mehr das Wahre der Welt und von sich selbst erkennen. Selbsterkenntnis ist das Gebot unserer Zeit, und entsprechend Natur-, Menschen- oder eben Welterkenntnis in ihren Wirklichkeiten. Doch da wirken uns Widersacher entgegen, die täuschen, lügen, Illusionen virtueller Welten schaffen oder uns schlicht in die Irre führen, z. B. auch mit Blick auf unseren Lebensweg, wie wir ihn einmal im Vorgeburtlichen veranlagt hatten und wie er auch von den Schicksalsgesetzen gefordert wird. Denn „wir sind Sklaven unserer Vergangenheit, jedoch Herren unserer Zukunft", wie Steiner es in seinem Vortragszyklus „Theosophie des Rosenkreuzers" 1907 formulierte.[63]

Veränderungen unserer vier Sinnesstufen können immer auch Krankheiten bedeuten, latent oder manifest, unsichtbar oder sichtbar. „Sclerosis cordis", Verhärtung des Herzens ist so eine Krankheit, die in den Evangelien mehrfach anklingt. Und das Herz ist ein Sinnesorgan.[63a] Es ist das zentrale Organ des Hörens (das ich auch Lauschen nenne, oder was Zuhören meint), eben des Hörens, das so besonders in den Evangelien angesprochen wird als aktives, d. h. vom Ich willentlich gestaltetes Hören, und nicht passiv von außen angeregtes. Hören ist Herzenssache, die Ohren in ihrer fast mechanischen Konstruktion dienen dazu, dass mit dem Herzen Gehörte in unser Wachbewusstsein und damit ins Denken zu vermitteln. Ist es da nicht fast amüsant, dass die alte Medizin zwei eigenartige muskuläre Taschen an der Hinterwand des Herzens „Herzohren“ genannt hat?

Die eigene Körperwahrnehmung hängt von gesunden Sinnen ab, viele heute als funktionell bezeichnete Krankheiten sind Ausdruck unterschiedlichster Sinnes- oder Wahrnehmungsstörungen, z. B. nach innen auf die Tätigkeiten des Organismus gerichteter Sinne. So wird einmal die Migräne erkannt werden als ein gestörtes Schmecken, der Heuschnupfen als gestörtes Riechen. Rheumatische Erkrankungen sind Ausdruck eines gestörten Bewegungssinns, womit die körpereigenen Bewegungen gemeint sind, die vielfältigen Erschöpfungssyndrome Ausdruck eines gestörten Lebenssinns.[64]

Es öffnet sich eine ganz neue Anschauungswelt zum Verständnis von Kranksein, wenn wir die gesunde Sinnesfunktion und ihr vierfaches Gestörtsein verstehen. Und es wird auch eine kausale Therapie veranlagt, wenn diese Zusammenhänge durchschaut werden können. Die aktive Schulung der Sinne wird sich als salutogenetisches Prinzip erweisen und zugleich als pädagogische Forderung. Und die Sinnesschulung durch die Künste wird ein therapeutisches Prinzip.

Heilung der Besessenen

Die Frage nach einem modernen Verständnis von Krankheiten als Folge von Besessenheit durch Dämonen und unsaubere Geister, wie sie in großer Zahl in den Evangelien auftauchen, kann geradezu als eine der Gretchenfragen unserer Zeit bezeichnet werden. Zur Erinnerung: In Goethes „Faust“ fragt das jugendliche, fromme Gretchen den berühmten Prof. Dr. Dr. mult. Heinrich Faust, wie er es denn mit der Religion hält.

Seine Antwort ist ein weitschweifiges Drumherumgerede, von dem sie wenig befriedigt feststellt, dass es der Herr Pfarrer auch so ähnlich sage! Die Aufklärung hat uns entfernt von jeder realen Erfassung einer geistigen und den Sinnen unsichtbaren Welt. Mystisch, esoterisch oder obskur wird genannt, wer oder was von der Existenz einer anderen als der sinnlich-erfassbaren Welt oder gar von „Wesen“ spricht. So wurden im 19. und Anfang des 20. Jahrhunderts auch durch Theologen die Evangelien entmythifiziert und auf ihren historischen Tatsachenanteil reduziert. In der Mythologie wurden diese Zusammenhänge als Götterdämmerung charakterisiert. Die materialistische Weltauffassung führte zum Atheismus, zur Gottesferne.

Vorbereitet wurde das durch lange Zeiträume, und das jüdische Volk spielte dabei eine Vorreiterrolle. Die vielfachen Begegnungen Jesu Christi mit den Priestern, Pharisäern und Schriftgelehrten zeigen immer wieder, dass eine reale Begegnung mit Gott und seinen Gesandten nicht mehr gelebt wird, wie es noch für Moses oder Abraham selbstverständlich war. Es gab Ausnahmen, wenn dem greisen Zacharias der Engel erscheint und ihm die Schwangerschaft seiner Frau Elisabeth verkündet. Doch er zweifelt schon an der Realität dieser Botschaft und wird mit Stummheit belegt, bis das Kind Johannes, der spätere Täufer, geboren und im Tempel dargestellt wurde. Auch Joseph, der Vater von Jesus, hat diese Engelbegegnung, auf die er allerdings vertraut und nach der er handelt. Und da sind wir wieder bei der jeden von uns betreffenden „Gretchenfrage“: Ist die göttliche Trinität real wesenhaft, existieren die hierarchischen Wesenheiten, angefangen von den Seraphimen und Cherubimen bis hinunter zu den Erzengeln und Engeln, die einen göttlichen Organismus bilden? Kommunizieren sie mit uns und wir mit ihnen, wenn auch vielleicht in unseren unbewussten Schichten? Sind sie Lenker unseres Universums, der Zeitepochen, der Evolution von Mensch und Natur? Und wenn es sie real gibt, ist dann der Weg unseres Denkens nicht offen für die Möglichkeiten, auch gegen die göttliche Welt gerichtete Kräfte und Wesen zu denken, die althergebracht als Teufel, Satan, Luzifer oder Beelzebub bezeichnet werden und in den Versuchungsgeschichten der Evangelien in dreifacher Art an Jesus Christus herantreten, nachdem der Gottessohn in den Menschen eingezogen ist? Sagen wir Ja hierzu, ist es nur ein kleiner Schritt, auch ihre „Mitarbeiter" zu entdecken, die am umfassendsten als Dämonen bezeichnet werden. C. S. Lewis, gründete als Oxfordgelehrter zusammen mit J. R. R. Tolkien und anderen den „Club der Tintenkleckser", in welchem sich mit dieser anderen Wirklichkeit auf je eigene Art beschäftigt wurde. Er hat eine köstliche kleine Abhandlung geschrieben, in welcher Weise sich die Widersacher versuchend an die Menschen wenden und sie „Dienstanweisung für einen Unterteufel" genannt.[65]

In meinen Darstellungen über Wege zu einer durchchristeten Medizin wird uneingeschränkt vorausgesetzt, dass es diese reich bevölkerte Welt neben der uns natürlich zugängigen, sinnlich erfahrbaren gibt; dass es zwischen beiden Welten eine andauernde Kommunikation gibt; dass Wesen aller Art in unserem Leib und unserer Seele ein- und ausgehen und an den gesunden Vorgängen des Organismus teilhaben, vor allem überall dort, wo diese sich unserem wachen Willen entziehen und tief unbewusst verlaufen, z. B. auch im Schlaf. Das alles einem Deus ex machina oder einem sich selbst steuernden Automaten zu übertragen, scheint mir absurd, schon alleine in der staunenswert-weisheitsvollen Art, in der unser Organismus eingerichtet ist und funktioniert: Sei es die Unermüdlichkeit unserer Herztätigkeit, die Genialität der Lenkung von äußerst komplexen Stoffwechselprozessen durch die Leber, die Selektionsfähigkeit der Nieren oder die Kombination erkennbarer Wahrnehmung und punktgenauer Reaktion im Handeln gegenüber allem Fremden durch unser Immunsystem.

Die Anthroposophie ist sicher die Wissenschaft, durch die wir lernen können, auf eine ganz freie und wache Art den Welten und ihren Bewohnern begegnen zu können, von denen ich andeutungsweise gesprochen habe. Auch in unsere Zeiten kommen durch ganz moderne Menschen Botschaften, uns nicht gegenüber der ganzen Wirklichkeit zu verschließen und nur auf die sinnenfällige Seite des Daseins zu schauen. Jean Cocteau schrieb schon 1927 sein Theaterstück „Orphée", das nach dem 2. Weltkrieg als Verfilmung weltweit bekannt wurde und die Existenz der Verstorbenen in unserer Welt thematisierte, vor allem auch ihre Not, dass wir sie nicht wahrnehmen können und nicht mit ihnen kommunizieren. In jüngster Vergangenheit hat Eben Alexander mit dem Buch „Blick in die Ewigkeit" weltweite Aufmerksamkeit erzielt, denn er schildert als Naturwissenschaftler und auch praktizierender Neurochirurg seine Erfahrungen der geistigen Wirklichkeit außerhalb der Funktionen seines Körpers („klinisch tot"), der Träger der Sinnesorgane ist. Er erlebt dort die gleiche Realität, die er bis dahin in seinem Beruf als Wissenschaftler nur für das Sichtbare anerkannt hatte.[66] Es ist meine Überzeugung, dass wir in einer Zeit angekommen sind, wo die Trennung in Diesseits und Jenseits wieder aufgehoben werden sollte. Und zwar zunächst ganz individuell, jeder für sich, nicht als Konfession, sondern als ein Weg, der das Geistige in mir (mich als Ich) mit dem Geistigen im Weltall zusammenfügt. Hier sollte jeder aus freiem Entschluss Vorzügler einer Zeit werden, die in großen Zeiträumen für alle Menschen diese Verbindung herstellen wird. Das ist für mich die Erfüllung der Worte „Ändert euren Sinn, denn das Reich der Himmel (Gottes) ist nahe herbeigekommen“ (Matth. 3,1–3).

Und nun der Blick auf die Heilungen der Besessenen. Ich weiß, dass wir noch weit entfernt sind, mit dieser Krankheitswelt genauso sicher differentialdiagnostisch und -therapeutisch umzugehen, wie wir es für leiblich-organische Krankheiten anfänglich schon können. Es müsste ja überhaupt erst einmal die Wissenschaft einer „Dämonologie“ ausgearbeitet werden, ihre Unterschiede der Herkunft, der Beauftragung, der Beziehung zum Menschen anders als zum Tier, ihrer Repräsentanz in sinnlicher Erscheinungsform z.B. durch sogenannte Erreger oder auch der stofflichen Welt, die eine Art Körper für sie bilden kann. Ich denke, ein erster Schritt sollte sein, von ihrer Existenz zu wissen, ihr Wirken zu studieren, wie es uns in Angst- oder Aggressionszuständen, in Psychosen oder Neurosen, Zwängen und Süchten begegnet, wie groß der Anteil einer Krankheitssymptomatik ist, der sich mit ihnen verbindet, und was davon unabhängig der Mensch selber ist. Wir könnten entdecken, dass es „gute“, ja fördernde Dämonen ebenso gibt wie „böse“, d.h. hindernde, zerstörende, auch vernichtende, man denke an die Geschehnisse des Holocaust oder aktuell auch des Terrorismus unserer Zeit. Goethe hat etwas davon gewusst, als er Mephistopheles sagen lässt: „Ich bin ein Teil von jener Kraft, die stets das Böse will und stets das Gute schafft“.

Das ist zum Beispiel eine Kardinalfrage gegenüber jeder Krankheit: will sie fördern, will sie verhindern? Und wie schnell kann ich ohne Antwort auf diese Frage therapeutisch etwas tun, was dem eigentlichen Willen oder Impuls der Krankheit in falscher Weise begegnet? Ist das auch ein Aspekt unerwünschter Arzneimittelwirkungen? Die Begegnung mit der Welt der Krankheitswesen oder eben -dämonen braucht zuvorderst Geistesgegenwart. Diese ist in Christus einzigartig existent. Deshalb fühlen sich die meisten Dämonen in der Begegnung mit ihm erkannt, bevor Christus überhaupt etwas zu ihnen spricht. Und sie erkennen ihn als den Gottessohn, sie schreien es heraus, sodass er ihnen gebieten muss, zu schweigen. Er treibt sie aus, und es ist sein Wort, dem sie weichen müssen.

Wie können wir IHN als WORT durch uns wirksam werden lassen? Das ist der nächste Schulungsschritt, denn zum Heilen wird man nicht geboren, sondern berufen! Wie jedoch rüsten wir uns, dass der Ruf an uns ergeht? Und wohin treiben wir die Dämonen und unreinen Geister, damit sie sich nicht neue Opfer oder Behausungen suchen? Das scheint mir eine weitere drängende Frage zu sein, die der Heilende beantworten muss, ehe er tätig wird. Das Beispiel der Säue aus dem Evangelium erlebe ich als problematisch und nicht zeitgemäß, schon aus sozialer Sicht: die Hirten verlieren völlig schuldlos ihre ganze Herde und damit auch ihre Existenz. Meine Überzeugung lautet: Wir müssen diese Wesen verwandeln, ihnen neue Aufgaben ermöglichen, sie der Evolution wieder fördernd eingliedern, aus der sie ursprünglich stammen, in die sie wieder zurückverwandelt und eingebunden werden müssen. In einem Bilde aus dem „Kleinen Prinzen“ von Exupéry heißt das: wir müssen sie zähmen, und das bedeutet, sie uns vertraut zu machen. Bleiben sie weiter unerkannt und unbemerkt, werden sie immer wüster vorgehen, immer mehr Besitz von uns ergreifen, uns „dämonisieren“ und unfrei machen. Das alles ist ein weiter Weg, der noch viel Zeit braucht, doch scheint es mir an der Zeit, schon heute damit zu beginnen.

Es entspricht der Paradoxie des Geistigen, dass dieses Kapitel vermutlich am stärksten Leser polarisieren wird, in jene, die ihm mit völliger Ablehnung und gedanklichem Aussteigen begegnen einerseits, und jene, die vorsichtig an diese Fragen herangehen und sich damit beschäftigen andererseits. Es gehört jedoch zu einer christlichen Medizin, dieser Thematik nicht auszuweichen. Schon die Fülle der immer wieder in der Bibel angesprochenen Besessenen und ihres Geheilt-Werdens ist ein starker Hinweis, wie wichtig das Wissen von der Besessenheit ist, welches Hindernis es darstellt auf dem Weg zum freien, selbstbestimmten Menschen.

Konsequenzen für eine zukünftige Medizin

Wir stehen ganz am Anfang eines Verständnisses zu der geistigen Bildersprache der Evangelien. Das gilt nicht nur für die Heilungen, sondern für fast jeden Satz. Manches scheint leichter verständlich, anderes bleibt völlig unverständlich. Auch den Jüngern muss vieles noch extra erklärt werden, und dennoch bleibt es ihnen unverständlich, zum Beispiel die wiederholten Hinweise auf Christi Tod und Auferstehung. Oder sie erreichen die notwendige Bewusstseinssteigerung nicht, was im Bild gezeigt wird, wenn sie einschlafen, wo sie wachen sollten. Der Kardonnerstag-Abend in Gethsemane sei hierfür ein Beispiel, oder auch die Verklärung auf dem Ölberg. Zweitausend Jahre später hat sich an dieser Situation scheinbar nichts geändert, im Gegenteil, es scheint alles noch schlimmer geworden zu sein. So ist der Glaube abgewertet, der Zweifel hat die Herrschaft übernommen und ist Triebkraft der Wissenschaft geworden.

Und doch steht die Menschheit an einer Schwelle, ein Tor zu durchschreiten, um Christus neu und immer besser verstehend zu begegnen. Er ist dieses Tor, durch das wir gehen müssen (Joh. 10,7–9). Und interessanterweise braucht es dazu Mut, eine Seeleneigenschaft, die sich zeigt, wenn das Ich ganz wach in sich selber wird, was wir auch Selbstbewusstsein nennen können, oder im Aufgreifen des Gottesworts „Ich bin der Ich bin". Steiner spricht vom Überschreiten der Schwelle, die uns wie ein feiner Vorhang von der anderen, der geistigen Welt trennt, aus der alles Sinnenfällige stammt und das diese immer durchdringt. Schon von daher kann man nicht vom Jenseits sprechen. In Goethes Märchen von der schönen Lilie und der grünen Schlange ertönt das Wort „Es ist an der Zeit", und der Weisheitstempel steigt auf. Eine Brücke, welche sich opfernd die Schlange bildet, verbindet die zwei Ufer des breiten Stroms oder auch die zwei Welten.

Wenn ich aus diesem Verständnis auf die Medizin schaue, wird immer sichtbarer, dass sie so, wie sie ist, wie sie sich in der Verbindung mit den Naturwissenschaften seit Mitte des 19. Jahrhunderts entwickelt hat, nicht bleiben kann und darf. Sie ist in eine Sackgasse geraten. Der Mensch als Wirklichkeit kommt in ihr gar nicht mehr vor. An seine Stelle ist eine molekulare Welt oder Sicht getreten, die auf ihn projiziert wird, die er jedoch nicht ist. Erkenntnistheoretisch basierte die naturwissenschaftliche Medizin (auch Schulmedizin genannt) auf dem unverzichtbaren ersten Erkenntnisschritt des *sinnlich Beobachtbaren*. Das war bedeutenden Gründern dieser neuen Medizin sogar den Eid wert, von dem primären Erkenntnisschritt der Beobachtung des Sinnesfälligen nie abzulassen, wenn es sich um eine wissenschaftliche Medizin handeln sollte. Das Molekulare ist aber nicht beobachtbar, auch nicht durch Apparate, es ist eindeutig untersinnlich. Und so arbeitet die Medizin längst außerhalb ihrer selbst gesetzten Wissenschaftsmethode und hat statt des Menschen als Wirklichkeit nur noch ein von ihr geschaffenes Konstrukt als Inhalt.

Wohl bemerkt: Es geht hier nicht um den einzelnen Arzt oder Wissenschaftler, sondern um die gemeinsam verbindlich gemachte Methode, die von sich selber als „wissenschaftlich-anerkannt" spricht, nicht von „bewiesen"! Wer Ohren hat zu hören, der höre! Die Medizin kann so nur noch arbeiten, indem sie sich zum Dogma macht. Das hat Ivan Illich schon vor Jahrzehnten geklärt, wenn er in seiner atemberaubenden, kritischen Analyse der modernen Medizin „Medical nemesis – die Enteignung der Gesundheit" schreibt, das Ärztecorps sei eine Kirche geworden.[67] Als Jesuit weiß er genau, was er hier formuliert. Dogmatik und Intoleranz, z. B. gegenüber anderem Denken oder anderer Methodik; Unfehlbarkeit einer Evidenz-basierten Medizin.

Das verweist auf das zweite große Thema der modernen Medizin: Sie ist nicht getragen von einer ihr Handeln bestimmenden *Ethik*. Bis in das 20. Jahrhundert hinein galt der Hippokratische Eid, der nicht mehr dieser neuen Medizin entsprach, der aus vorchristlicher Zeit stammte, und der durch eine zeitgemäße Ethik ersetzt werden müsste, so wie die mosaischen Gesetze oder Gebote ersetzt wurden durch das eine und einzige Gebot, dass Christus uns Menschen gab: „Liebet einander". Was ja nicht bedeutet, dass die Zehn Gebote ungültig wurden. Doch gab sie sich nun jeder Mensch selbst aus seiner moralischen Kraft, seinem Ich, sie wirkten nicht mehr von außen. Das kann ich auch auf den Hippokratischen Eid übertragen. Auch seine Inhalte bleiben gültig, z. B. das immer noch zitierte „Nil nocere" ..., was bedeutet, der Arzt soll seinen Patienten keinen Schaden zufügen. Doch muss das Selbstverständnis des Arztes oder aller medizinischen Berufe ganz aus der innersten Seinsquelle des Ich kommen, kann nicht mehr verordnet werden. „Menschenverständnis und Menschenliebe" nannte Steiner diese Grundeigenschaften des Arztseins. Doch bis jetzt ist nichts dem Hippokratischen Eid Vergleichbares an seine Stelle getreten. Hier erlebe ich ein Vakuum.

Nur ein winziger Blick in die reale Welt der Medizin genügt, um zu wissen, dass hier ein Umdenken kommen muss – „ändert euren Sinn". Ich wiederhole: 90 000 Menschen sterben jährlich in Europa an Krankenhausinfektionen, die Zahl der Schäden durch unerwünschte Arzneimittelwirkungen ist Legion (wie sich übrigens bestimmte Dämonen nennen; Luk. 8,30). Am Kranksein der Menschen wird maximal verdient, für die Erhaltung der Gesundheit dagegen gibt es kaum Geld. Es geht hier nicht um Anklagen, auch nicht um Kritik im verurteilenden Sinne, höchstens im Sinne eines Aufmerksam-Werdens für eine Situation, die so nicht bleiben darf. Und hier sehe ich für unsere Zeit die Anregung durch das Neue Testament, im Besonderen durch die Heilungsgeschichten der Evangelien. Den Menschen zu sehen, wie ihn Pilatus in einem Augenblick weit in die Zukunft weisend in seinem „Ecce Homo" sah, seine Ebenbildlichkeit Gottes, die ja fernes Ziel ist, Zukunftsvision eines Neuen Jerusalems. Aber was zur Konsequenz hat, in jedem Menschen einen Werdenden zu entdecken, der in sich ein Ziel hat, das und den es zu fördern gilt. „O Freunde, liebt mich nicht, niemals den, der ich bin; doch was ich werden möchte, das, das liebt an mir" (Christian Morgenstern).[68]

Es darf kein Schlagwort bleiben, den Menschen in den Mittelpunkt zu stellen, das sollte Wirklichkeit werden, siehe auch die Heilung der verdorrten Hand. Es muss jeder Patient in seiner Ganzheit erfasst werden, seinem Wesen nach als Ich oder Geist, überzeitlich-„ewig", eine Individualität in ihrer Einzigartigkeit bildend, keiner Norm entsprechend, nie aus einem Kollektiv zu begreifen. Dazu die Werkzeuge (organon = Werkzeug) oder Instrumente des Ich, die Seele und den Leib in ihren eigenen Gesetzmäßigkeiten und vielschichtigen Gliederungen zu entdecken. Der Arzt und alle medizinischen Berufe als Leibsorger, im Bilde eines Instrumentenbauers. „Denn der Leib hat einen dem Denken entsprechenden Bau."[69] Wenn heute in der Medizin das Individualisieren von Therapien angesprochen wird, sind das erste Schritte in die neue Richtung. Doch darf die Lösung nicht auf der genetischen Ebene, sondern mit Blick auf die reale Individualität gesucht werden. Und es müssen alle Möglichkeiten medizinischer Methodik, soweit sie rational nachvollziehbar sind, einbezogen werden. Der Mensch sollte einer einheitlichen und doch differenzierten Medizin begegnen, nicht sich bekämpfender oder ausschließender Systeme. Das administrative Versorgungswesen muss neue Formen bekommen, das Krankenkassensystem ist überholt. Und doch müsste etwas an seine Stelle treten, das jedem Menschen unabhängig von seinen wirtschaftlichen Verhältnissen die bestmögliche medizinische Betreuung garantiert. Es sollte immer auch geprüft werden, welchen Eigenanteil jeder leisten kann, eben nicht in Form eines Einzugs seines Geldes als Pflichtversicherungsbeitrag, sondern als direkten Anteil dessen, was an Kosten entsteht, selbstverständlich sozial gestaffelt. Es gibt ja Beispiele dafür in Europa, z. B. in Frankreich oder Holland.

Und es sollte eine ganz tiefe Überzeugung werden, dass jede Krankheit ihren Sinn für den betroffenen Menschen hat. Dass wir sie nicht vermeiden, verdrängen oder ausrotten sollen, sondern in ihrer Heilung ihren Sinn erfüllen und dadurch den Entwicklungsschritt im Werden ermöglichen, der ihre Gabe für den Menschen bedeutet. „Denn die Krankheit erreicht erst dann ihren Sinn, wenn sie geheilt wird".[70] Für mich ist klar, dass Heilen immer aus Zusammenwirken oder

Gemeinschaft entsteht. So sind es für mich fünf Kategorien, die in jeder Therapie zusammenwirken sollten, um Heilung zu ermöglichen: Diäthetik als Tätigkeitsfeld des Kranken selbst, Kunst- und Pflegetherapien, die Arznei und das therapeutische Gespräch.[71]

Ein letztes Element möchte ich ansprechen, auch wenn mir bewusst ist, wie viel mehr noch zu sagen wäre. In die Medizin muss auch wieder ein Bewusstsein persönlicher Verantwortung einziehen. Jeder darin Tätige sollte entdecken, was es bedeutet, wenn das Christuswort gültig ist: „Was ihr einem meiner geringsten Brüder antut, das habt ihr mir getan" (Matth. 25,40). Das ist dann wirklich durchchristete oder eben christliche Medizin, wenn ich mir bewusst werde, dass ich im Heilen in seinem Namen oder seiner Vollmacht, wie es vielfach in den Evangelien heißt, handle. Und es dürfte klar sein, dass keine konfessionelle Medizin gemeint ist, sondern eine dem Menschen unabhängig von Stand, Rasse, Religion und anderem zugewandte, aus Menschenverständnis und Menschenliebe handelnde. Denn aus Sicht Gottes ist der Mensch die Krone seiner Schöpfung, ihm zum Ebenbild geschaffen. Wir alle wissen, wie weit entfernt die Menschheit als Summe aller lebenden, ungeborenen oder verstorbenen Menschen von diesem Ziel der Schöpfung ist. Doch erlebe ich die Medizin dazu berufen, mitzuarbeiten, dieses göttliche Ziel in fernster Zukunft zu erfüllen.

4. Glaube und Wissen

Beide stehen sich scheinbar unvereinbar gegenüber. In der modernen medizinischen Wissenschaft hat der Glaube keinen Platz. Deshalb wurden auch komplementäre Medizinsysteme wie die im deutschen Arzneimittelgesetz aufgeführten besonderen Therapierichtungen der Anthroposophischen Medizin, der Homöopathie und der Phytotherapie als „Glaubensmedizin“ abgewertet. Sie könnten aus wissenschaftlicher Sicht nur deshalb Effekte erzielen, weil der Patient an ihre Wirkung glaubt. So wird ja auch der Plazeboeffekt interpretiert: Glaube als eine Art Suggestion. Summa summarum steht so der Glaube als Erkenntnisquelle weit unter dem Wissen.

In den Evangelien werden viele der Heilungen gerade in Zusammenhang mit dem Glauben gebracht. Beim Hauptmann von Kapernaum ist Christus beeindruckt von dessen Glaubenskraft, die an sein Wort glaubt und nicht seine persönliche Anwesenheit zur Heilung des Knechts oder Knaben als notwendig erachtet. „Solchen Glauben habe ich in Israel noch nicht angetroffen“ (Luk. 7,9–10).

Auch beim blutflüssigen Weib und vielen anderen wird der Glaube als Mittler der Heilung erwähnt. Für mich ist der Glauben unmittelbar verbunden mit der Kraft des Vertrauens. Es war für mich ein schmerzliches Erlebnis, wie sehr sich das Vertrauen der Menschen in die Ärzte und in die Medizin insgesamt seit Mitte des 20. Jahrhunderts verminderte. Denn es war mir immer eine besondere Voraussetzung einer guten Patient-Arzt-Beziehung. Und ich fand es überhaupt nicht schlecht oder falsch, wenn ein Patient an mich und meine Fähigkeiten glaubte, eher sehr hilfreich. Ich wusste zugleich, dass ich dessen auch wert sein musste, dass es mich verpflichtete und keinen Freibrief bedeutete.

Als junger Mensch begegnete ich in der Menschenweihehandlung einer Aussage, die mich gedanklich sehr beschäftigte. Bei der Einsetzung von Brot und Wein als Leib und Blut Christi heißt es: „Es wird am Kreuze tragen der Leib das neue Bekenntnis; und es wird vom Kreuze fließen im Blut der neue Glaube". Diese Bezeichnung „der *neue* Glaube" sprach mich an. Das musste etwas anderes sein als der alte Glaube, z. B. an eine weltliche oder geistliche Obrigkeit, an Gebote, an einen Gott, von dem ich mir kein Bild machen sollte und dessen Bilder in den Kirchen oder Darstellungen der Theologen mich nicht ansprachen, weil ich so *meinen* Gott nicht sah. Ich wollte mir ein Bild, das heißt eine *innere Anschauung* von ihm machen! Ich wollte als Christ in mir das Rätsel der Trinität, der Dreieinigkeit Gottes durchdenken und durchfühlen, der drei Kräfte, die jede gesondert für sich wirksam ist, und die doch nur gemeinsam wirken können. Da ich als Schüler mathematisch sehr begabt war, war diese Lösung 3 = 1 so besonders! Ich erlebte immer stärker, dass der neue Glaube mehr und von größerer Kraft sei als alles Wissen. Letzteres verbindet sich ja ganz intensiv mit dem Zweifel, der die führende Seelenkraft für das Aufkommen der modernen Naturwissenschaften wurde. Der *neue Glaube*, so erlebte ich es, setzt Wissen voraus, doch übergreift er dieses und vertreibt allen ihm noch anhaftenden Rest eines Zweifels (das p in den Statistiken!), führt mich zur Wahrheit auf dem Weg der Intuition. Diese sah ich als bewusst werdenden Ausdruck eines neuen

Glaubens, ihr hatte ich mich in Ergänzung der wissenschaftlichen Erkenntnisse ganz intensiv verbunden, wie ich es in meinem Buch „Intuitive Medizin“ niedergeschrieben habe. Intuition als Erfassen einer Ganzheit, in die sich die vielen, oft kaum noch überschaubaren Detailkenntnisse sinnvoll einordneten.

Und dann stieß ich im Studium der Vorträge Rudolf Steiners zum Erfassen des Lukas-Evangeliums auf eine Aussage, die ich fast wie eine Definition dessen empfand, wonach ich suchte, was denn der neue Glaube sei. „Derjenige hat den Glauben, der in sich aufnimmt den Christus, sodass der Christus in ihm lebt“.[72] Der neue Glaube ist das Wort Christi, das er durch mich zu mir spricht, wenn ich ihn hören will! Wer Ohren hat zu hören, der höre! So existieren nebeneinander der alte Glaube, der vorchristlich ist, ein „blinder“ Glaube, und eben der neue Glaube durch Christus, der mich Blindgeborenen sehend oder auch hörend macht. Die in der Menschenseele wirkende Christuskraft ist und äußert sich im neuen Glauben.

Ein Bild für die Kraft des Glaubens finden wir in dem Gleichnis vom Senfkorn (Matth. 13,31–32). Werden die Jünger zunächst darauf hingewiesen, wie aus den kleinen Senfkörnern ein Baum erwächst, in dessen Zweigen die Vögel des Himmels nisten können, so folgt später (Matth. 17,20): „Wenn ihr die Glaubenskraft habt wie ein Senfkorn, so werdet ihr zu diesem Berge sprechen: rücke von hier nach dort, und er wird wegrücken, und nichts wird euch unmöglich sein“. Der neue Glaube kann Berge versetzen, also Unmögliches möglich machen!

So verstanden oder empfunden, sind Glaube und Wissen keine sich ausschließenden Gegensätze, sondern Stufen auf dem Erkenntnisweg oder – etwas provokant formuliert – zur

Wahrheit. Ich erinnere an das Zitat des Kongresspräsidenten des Deutschen Internisten-Kongresses 1997 in Wiesbaden, Prof. Köbberling, dass in Abgrenzung zu unwissenschaftlichen Medizinsystemen die Schulmedizin gar nicht nach Wahrheit suche, sondern statt dessen alles darauf anlege, den Irrtum soweit wie möglich zu vermeiden. Christus ist „der Weg, die Wahrheit und das Leben“ (Joh. 14,6) und er lehrt seine Jünger oder besser Schüler (und damit heute alle, die ihm folgen wollen), dass uns (erst) die Wahrheit frei macht. Und mein Verhältnis zu Christus kann nur ein freies sein, so habe ich es von der Jugend an empfunden. Kein verordnetes, von anderen für mich vorgedachtes und damit auch kein konfessionelles. „Denn das Christus-Wesen steht so in der Menschheitsentwicklung drinnen, dass das Verhältnis des Menschen zu Christus nur ein freies sein kann“.[73] Vielleicht entdecken wir eines Tages, dass in der Verbindung von Wein und Christi Blut und von Brot und Christi Leib das Zusammenwirken von Glaube und Wissen veranlagt ist. Denn der am Kreuze das „neue Bekenntnis“ tragende Leib ist vielleicht das Bild, die Imagination einer Er-*kenntnis*, die uns zum Erkennen der Wahrheit führt, über selbstgesteckte Grenzen des Erkennens hinaus.

5.
Die Menschenkunde des Johannes-Evangeliums

In dem Evangelium des Johannes ist eine ganz eigene Menschenkunde zu entdecken, die ich eine christliche Anthropologie nennen könnte, oder – wenn ich die spirituelle Grundierung betrachte – eben auch Anthroposophie. Diesen Begriff benutzte schon Immanuel Herrmann Fichte[74] und Rudolf Steiner griff ihn für seine Geisteswissenschaft auf, nicht nur mit dem Blick auf den Menschen, sondern auf den ganzen Kosmos, die ganze Schöpfungswelt, deren wesentlicher Teil die Entwicklung des Menschen ist, mit dessen Entstehen und Werden bis zu seiner Vollendung („Ebenbildlichkeit") alles Geschehen zusammenhängt. Steiner nannte sein grundlegendes Werk zur anthroposophischen Menschenkunde „Theosophie", und das sicher nicht nur, weil er damals seine Zuhörer weitgehend in der Theosophischen Gesellschaft fand, von der er sich später trennte und dann Lehrer der Anthroposophischen Gesellschaft wurde. Wie umfassend die „Theosophie" gemeint ist, zeigt ihr Untertitel: „Einführung in übersinnliche Welterkenntnis und Menschenbestimmung". Theosophie galt für ihn als Ausdruck für die Forschungsergebnisse, welche sich im Besonderen auf den geistigen Wesenskern des Menschen beziehen.[75]

Anthropos heißt „der nach oben Aufgerichtete". Es ist ein Verweis, dass der gefallene Mensch sich wieder auf Gott („nach oben") besinnen möchte und eine neue Vereinigung mit ihm sucht. Die Inhalte des Johannes-Evangeliums weisen in eine ferne Zukunft, sie sind heute noch kaum ganz zu entschlüsseln, sie sind auch nicht im banalen Sinne des Verstandes zu verstehen. Diesem entziehen sie sich, und mit ihnen tun sich auch die Theologen am schwersten. Wieder Rudolf Steiner: „Ein Mysterium ist das Evangelium des Johannes. Man lese es so, dass die Tatsachen nur Geist sind; und man wird es richtig lesen".[76] Und in späteren Vorträgen zum Johannes-Evangelium heißt es dann, dass es „eines der allerbedeutungsvollsten Dokumente im menschlichen Geistesleben" sei.[77] Für viele Menschen ist wohl unbekannt, was Steiners Forschungen ergaben: Der Evangelist Johannes ist der aus dem Einweihungstod durch Jesus Christus wiedererweckte, „auferstandene" Lazarus, der gebildete Jude, der reiche Jüngling, Bruder von Martha und Maria Magdalena. Er verwandelte sich zu Johannes, wobei der Name darauf hindeutet, dass das Wesen Johannes des Täufers sich ihm verband, mit und durch ihn wirkte. Er ist auch der, den „der Herr liebhatte", der beim Abendmahl am Herzen Christi ruhte, der als einziger Jünger unter dem Kreuz stand, und der als einziger der Evangelienschreiber ein unmittelbarer Jünger Jesu war.

Die Menschenkunde des Johannes-Evangeliums geht ebenso wie die „Theosophie" ganz vom geistigen Wesenskern des Menschen aus, dem ICH. Die drei Buchstaben dieses Wortes sind die Initialen von *J*esus *Ch*ristus. Das Ich entstand schon am Beginn der Schöpfung, wurde jedoch zurückgehalten bis in unsere Zeit, weil erst seine Hüllen oder Werkzeuge in Leib und Seele vorbereitet werden mussten, ehe es sich inkarnieren konnte, was wörtlich „ins Fleisch gehen" heißt. In einem einmaligen Schöpfungsgeschehen vollzog sich das urbildlich mit der Leib- und Seelengestaltung des Jesus von Nazareth, in welchem dann mit der Taufe im Jordan durch

Johannes den Täufer der Christusgeist einzog, sich inkarnierte.

So ist die Menschenkunde im Johannes-Evangelium eine Ich-Kunde, ein Blick mehr auf den werdenden, zukünftigen, als auf den gewordenen Menschen. Das finden wir am ausgeprägtesten in den Anfangssätzen, die gemeinhin als Prolog bezeichnet werden, und in den sieben ICH-BIN-Worten, die Christus in den Kapiteln 6 bis 15 spricht. Auf beides möchte ich meinen Blick richten, als Arzt und für die Zukunft der Medizin, selbstverständlich nicht als Theologe. Im Vergleich mit diesen bin ich ja Laie, einer, den Paracelsus auf köstliche Weise in ein Gespräch mit dem Theologen über das Vaterunser eintreten lässt, wo sehr gut erkennbar wird, wie unterschiedlich die Auffassung beider sein kann.[78] Lange wurden die Inhalte der Evangelien für den einfachen Menschen, der nicht Latein oder Griechisch konnte, von der Katholischen Kirche verborgen gehalten. Es war Luther, der sie durch seine Übersetzung allen Menschen zugänglich machte.

Der Prolog

Im Uranfange war das Wort,
und das Wort war bei Gott,
und ein Gott war das Wort,
dieses war im Uranfang bei Gott.
Alles ist durch dasselbe geworden,
und außer durch dieses ist auch nicht Eines
von dem Entstandenen geworden.
In ihm war das Leben,
und das Leben war das Licht der Menschen;
und das Licht scheint in die Finsternis,
und die Finsternis nahm es nicht auf.[79]

Dieser Prolog lässt eine Viergliederung erkennen: Wort, Leben, Licht und Finsternis. Und über allem Gott. Es ist eine ganz andere, ja komprimierte Schöpfungsgeschichte mit Blick auf das Alte Testament und das 1. Buch Moses, vom Uranfang bis zu der Zeit von Johannes dem Täufer. Aus dem Wort ist alles geworden, Welt und Mensch. Es war am Anfang, am Uranfang, und doch gab es ein Zuvor. Denn Gott war schon da, das Wort, selber ein Gott, war ja bei ihm. In seiner Sinneslehre weist Steiner darauf hin, dass der älteste aller zwölf Sinne der Hörsinn ist, der schon vor unserer Schöpfung war, der – so möchte ich es sagen – bei Gott war. Denn wenn die Schöpfung aus dem Wort geschah, konnte sie nur werden, wenn das Wort auch gehört wurde.

Es hat mich sehr beeindruckt, eine ganz moderne Schöpfungsgeschichte zu finden, die das gleiche Motiv oder auch Geschehen beschreibt. Tolkien, bekannt durch seine „Der Herr der Ringe"-Trilogie hat auch „Das Silmarillion" geschrieben, welches erst nach seinem Tod von seinem Sohn Christopher herausgegeben wurde. Auch das Silmarillion ist eine Schöpfungsgeschichte der Welt, die wir durch den Herrn der Ringe kennenlernen. Der Eine Gott, Iluvatar genannt, schuf als Sprösslinge seiner Gedanken die Ainur, die an die christliche Hierarchienlehre erinnert. Er sprach zu ihnen und lehrte sie Melodien, die sie sangen, jeder aus seiner Art und einzeln, während die anderen zuhörten. Allmählich lernten sie auch die Melodien des anderen zu verstehen, „und es wuchsen Einklang und Harmonie". Dann lehrt sie Iluvatar eine gewaltige neue Melodie und forderte sie auf, jeder auf seine Art sie auszuführen, während er lauschte. Und aus diesem Gesang entsteht die Welt, in der viel später auch Elben und Menschen, ja sogar Hobbits leben werden. Bemerkenswert ist, dass auch dort einer beginnt, eine Sonderrolle zu spielen, eigene Melodien und Rhythmen hinein zu flechten, die Unordnung schaffen. Tolkien nennt ihn Melkor, dem „die reichsten Gaben an Macht und Wissen" unter den Ainur verliehen war. Dreimal muss Iluvatar eingreifen, um das Werk in Ordnung zu halten, ohne allerdings Melkors Teile zu löschen.[80]

Hier wird die Welt also aus dem Gesang gebildet, ein wunderbares Bild, und der Schöpfer hört zu und korrigiert, wo es ihm notwendig erscheint. Wort oder Gesang und das Hören oder Lauschen sind uranfängliche Schöpferkräfte. Verbinden wir uns wieder mit der Anthroposophie und hier der geisteswissenschaftlichen Darstellung der Entstehung von Welt und Mensch, treffen wir auf die „Geheimwissenschaft im Umriss".[81] In ihr schildert Steiner große Zeitrhythmen, in denen sich die Schöpfung vollzieht, für die, ebenso wie für den Menschen gesagt, gilt, dass sie immer im Werden ist. Das Wort schafft als Erstes eine Welt reiner Wärme, in welcher für die Ich-Keime eine früheste Anlage unseres heutigen Stoff- oder physischen Leibes gebildet wird, der eigentliche Körper. In einer zweiten Runde der Schöpfung entsteht eine Welt des Lebens, die sich dem physischen Keim verbindet und ihn durchdringt. Aus diesem gebiert sich in der dritten Runde das Licht, ehe in einer vierten, unserem heutigen Zustand der Erde mit Kosmos und Himmel als Bild für die göttlich-geistige Welt, die Finsternis auftritt, die das Licht nicht in sich aufnimmt, obwohl es in sie hineinscheint. Der Leser mag verstehen, dass der kurze Worttext des Prologs bis zu dieser Zeile ein Meditationstext ist. Erst wenn ich ihn in mir zum Erleben bringe, wenn Bilder daraus werden, entdecke ich seinen Gehalt des viergliedrigen Menschen, wie ihn die Anthroposophie detailliert beschreibt. Und ich entdecke die Zusammenhänge der Vier, wie sie aus dem Wort entstehen, Eigenständigkeit gewinnen und in Harmonie miteinander eine Ganzheit bilden sollten, dem sich die Finsternis jedoch verweigert. Sie war ja eins mit dem Licht, wie es auch Moses schildert, denn in seiner Darstellung schied Gott am ersten Tag der Schöpfung das Licht von der Finsternis. Diese trägt in sich die Schwere, den Stoff, die Materie, sie bildete mehr und mehr die Gesetzmäßigkeit unseres Körpers. Dadurch drohte dieser ganz in die Kräfte der Finsternis zu verfallen, die das Licht und das Leben nicht mehr in sich aufnehmen wollte, und sich dadurch auch dem Wort zu verschließen anstrebte. Deshalb musste das Wort, Gottes Sohn oder der Christus in diese Sphäre eintauchen, Mensch mit solchem Menschenleib bis in den physischen Körper werden, um den drohenden Tod, das hieß damals: den völligen Stillstand aller Evolution, aufzuhalten. Dafür starb Christus und trug durch seinen Tod die neuen, jugendfrischen Kräfte der Auferstehung, der Erneuerung in den Menschenleib.

In der Medizin kennen wir bis in das zelluläre Geschehen hinein diese zwei Arten des Todes: den endgültigen der Nekrose, im mythologischen Bilde die Unterwelt („Hölle"), die Christus am Karsamstag durchschreitet; und den Tod, der die Auferstehung in sich trägt, die Apoptose, im Märchenbild der Phönix, der aus der Asche aufsteigt; oder im Pflanzenreich der Same, der als Frucht der alten eine neue Pflanze ermöglicht. Das ist die alles umkrempelnde Entdeckung: dass durch Christus in jedem Leib Auferstehungskräfte walten, die in allen Regenerationsvorgängen sichtbar werden, die sich aber auch in der Seele spiegeln als Hoffnung oder Zuversicht, dass kein Leiden oder keine Krankheit unheilbar ist, wenn es gelingt, an diese Kraft der Erneuerung oder Auferstehung anzuknüpfen. „Ich bin die Auferstehung und das Leben; wer an mich glaubt, über den hat der Tod keine Macht mehr.

Vertraust du darauf?" (Joh. 11,26; gesprochen zu Lazarus' Schwester Martha). Schon vorher war ja gesagt worden, dass Lazarus' Krankheit nicht zum Tode, sondern zur Offenbarung Gottes sei. Kann das nicht eine unerschöpfliche Kraftquelle für das Heilen werden?

Das Ich des Menschen, dem sich Christus verbunden hat, ist urgesund. Diese Überzeugung hat mich als Arzt geleitet, in jeder Begegnung mit scheinbar unheilbar Kranken bzw. Erkrankungen. Und ich verstand, wenn Steiner den Arztberuf ermahnte, immer und nur auf das Leben zu sehen, den Tod selber nicht zu fürchten und ihm mutvoll entgegenzutreten. Mir war das Märchen vom Gevatter Tod vertraut, auch sein Bild einer vom Intellekt getragenen Medizin, in welcher der Arzt das Bett des sterbenskranken Menschen einfach umdreht und so den Tod überlistet.[82] Was ihm selber dann – im Märchen – schlecht bekommt. Nur im Märchen?

Und ich kannte eine Tagebuchnotiz des jungen Schweizer Dichters Albert Steffen, der begonnen hatte Medizin zu studieren, ehe der Dichter ihn ganz und als Lebensaufgabe ergriff: „Ein Arzt, der den Tod fürchtet und doch das Sterben anderer ertragen kann, ist undenkbar. Wenn er das Gefühl hätte, dass er selber Tag für Tag abstürbe und wieder auflebte, dass also der Tod etwas ist, das innerlich geschieht und nur geschehen kann dadurch, dass das Leben nachdrängt, so wäre er in der Verfassung, die ein Arzt haben soll".[83] Begreifen wir so nicht das Wort „Tod, wo ist dein Sieg, Tod wo ist dein Stachel?"[84]

Und dennoch hat der Tod eine unverzichtbare Funktion im Leben. Steiner nennt den Todesaugenblick die höchste Ich-Erfahrung, die der Mensch unserer Zeit machen kann, es sei denn, er ist schon im Leben einer, der das Sterben übt, ein Vorgang, der jeder wahren Erkenntnis zugrundeliegt. Über aller Zeitforderung an ein modernes Menschentum steht der Satz vom Apollotempel: „Mensch erkenne dich selbst“. Das ist auch ein Aspekt des Einweihungsgeschehens von Lazarus, der als der reiche Jüngling durch das Todeserlebnis gehen muss, um Johannes der Evangelist und Apokalyptiker zu werden, der Schüler Christi, „den der Herr liebhatte“, der beim Abendmahl an seinem Herzen ruhen durfte und als einziger Jünger die Kraft hatte, unter dem Kreuz stehen zu können und so wahrnehmender Zeuge des Todeserlebnis Christi wurde. Dadurch konnte er der Evangelist des Ichs werden, oder besser noch des „Ich Bin“.

Die sieben ICH-BIN Worte

Die im Johannes-Evangelium tief verborgene ureigene Menschenkunde geht von diesem Ich aus, dem Menschenkern oder unserem eigentlichen Sein und Ursprung. Siebenfach wird das ICH-BIN genannt und erläutert, von dem Urbild des Menschen („Ecce homo“) als Menschensohn und Gottessohn. Es beginnt mit dem Brot des Lebens (Joh. 6,49) und mündet in den wahren Weinstock (Joh. 15,1), und alle sieben Stufen sind Entwicklungsschritte unseres Ich im Anblick des einmaligen Vorbildes dessen, der selber der ICH-BIN ist. Wieder tauchen Leben und Licht (Joh. 8,12) auf, wie am Anfang, Taten des Wortes, die sich in unserem Leib und in unserer Seele schöpferisch manifestieren. Über den Durchgang, die Tür zu den Schafen (Joh. 10,17) oder das Tor habe ich schon gesprochen, und ihm verbindet sich der gute Hirte (Joh. 10,11), der Tag und Nacht über uns wacht und uns Schutz gibt, dem wir vertrauen können. Ganz kühn können wir hier auf die Ich-Funktion im Immunsystem schauen. Und dann folgen die beiden machtvollen Worte von Auferstehung und Leben und der damit verbundenen Ohnmacht des Todes (Joh. 11,25) und von Weg, Wahrheit und Leben (Joh. 14,6), die uns mit dem Vater verbinden, zu dem heute nur der Weg mit Christus führt.

Ich will hier keine Deutung dieser sieben Ich-Stufen anstellen, sondern nur aus eigenem Wissen vermitteln, dass im Arzt Menschenverständnis und Menschenliebe entzündet werden, wenn er mit diesen sieben ICH-BIN Worten lebt, wenn sie Bildwelt, Imagination in ihm werden. Auch schließen sie ihn für eine Heilkraft auf, die mehr will, als gesunden. Und sie machen ihn zum Diener der siebenfachen ICH-BIN-Kräfte, um Mit-Schaffender an der Schöpfung Mensch zu sein.

In zwölf Vorträgen, die Steiner 1908 in Hamburg zu dem Verständnis des Johannes-Evangeliums hielt (GA 103), finden sich die Aussagen, die den Untergrund für meine Ausführungen bilden: „Wir können die Entwicklung der Erde die Entwicklung des Ich-Bin nennen, das Selbstbewusstsein des Menschen".[85] Ist es nicht bemerkenswert, wie im 20. Jahrhundert das Immunsystem entdeckt wird, dessen Bestimmung zunächst ganz einfach so beschrieben wurde: „Das Selbst entdeckt alles Nichtselbst". Das Immunsystem bildet eine physiologische Voraussetzung für das Selbstbewusstsein eines Menschen. Welches Verständnis ergibt sich dadurch für die unendlichen Angriffe und Hinderungen dieses Systems bis hin zu den heute so auffällig angestiegenen Autoimmunkrankheiten, oder auch den „therapeutischen" Manipulationen durch zum Beispiel Immunsuppressiva oder auch die neue Welt der Immunologika? An anderer Stelle steht ein weiterer Satz Steiners, der Ausdruck der Menschenkunde des Johannes-Evangeliums ist: „Das Erdendasein hat den Sinn, dass der Mensch im Inneren die Finsternis überwindet, damit er das Licht des Logos erkennen kann".[86]

Die Weltenkraft der Liebe

Nach dem siebten ICH-BIN-Wort folgt die andere Wesensbeschreibung Christi, die Weltenkraft der Liebe, die in ihm durch den Vater wirkt. Und er fordert die Jünger auf, in seiner Liebe zu bleiben. Sein Auftrag an sie und an uns alle, die seine Jünger oder eben Schüler sein wollen, lautet so schlicht: „Liebet einander, wie ich euch geliebt habe" (Joh. 15,9–13). Und doch wird jeder selbstkritisch Erlebende wissen, wie schwer dieser scheinbar einfache Auftrag zu erfüllen ist. Wie sehr bestimmen unser Handeln und Denken die Seelenkräfte von Sympathie und Antipathie, wie schnell treffen wir Urteile, die zum überwiegenden Anteil Vorurteile sind, geboren aus einer uns innewohnenden Kritikfähigkeit, die so viel leichter den Splitter im Auge des anderen als den Balken im eigenen entdeckt! Menschenliebe als Quelle tätiger Medizin führt zu einer durchchristeten Medizin, die aus der Liebe erkennt und auch aus ihr handelt. Das möchte ich die moralische Anweisung der Menschenkunde des Johannes-Evangeliums nennen, die Steiner, wie oben bereits erwähnt, in seiner „Philosophie der Freiheit" in eine moralische Phantasie, Technik und Intuition gliederte.[87] Es fällt sicher nicht so schwer, aus dieser Perspektive zuzustimmen, dass sich in der heutigen Medizin Entscheidendes verändern muss. Und ein andauerndes Leben in und mit dem Johannes-Evangelium, besonders auch meditativ mit den Worten des Prologs, wird hierfür Voraussetzungen schaffen. Es geht ja nicht darum, alles was heute geschieht falsch oder schlecht zu finden, auch nicht ganz neu zu beginnen oder Vergangenes wiederzubeleben. Es geht im ersten Schritt um ein verändertes Menschenverständnis („ändert euren Sinn") und eine daraus entstehende Menschenkunde, die aufbaut auf das Entstandene, in ihm das Tatsächliche oder Wahre von Interpretation und Spekulation befreit, die Wissenschaft ausweitet auf die Seele und das Ich und ihr Zusammenwirken mit dem Leib als Organismus. Und es geht im zweiten Schritt um das Ausbilden einer Medizinethik, die auf der Menschenliebe gründet und der Einsicht, dass jeder in der Medizin Tätige ein Diener ist, Diener einer Evolution, die im Menschen Individualität und Selbstbewusstsein entstehen lassen will und beides mit der Köstlichkeit verbindet, die wir Freiheit nennen.

6. Vom Schweigen

Ein guter Arzt muss schweigen können. Das schafft zum Beispiel die Voraussetzung, zuhören zu können. Viele Worte gibt es zum Schweigen, die mir dennoch nicht seine wirkliche Bedeutung entschlüsselten. „Reden ist Silber, Schweigen ist Gold“ oder „Hättest du geschwiegen, wärst du ein Philosoph geblieben“. Oder im Buch Hiob (13,5): „Wollte Gott, ihr schwieget: so würdet ihr weise“. Und natürlich der Schluss des Dramas um Hamlet als Symbol des Menschen unserer Zeit, unmittelbar ehe er stirbt: „Der Rest ist Schweigen“. Da war es schon eher der Dichter Christian Morgenstern, der in einem Gedicht etwas von der Kraft des Schweigens aufklingen lässt, das mich berührte:

Bedenke Freund, was wir zusammen sprachen.

War's wert, dass wir den Bann des Schweigens brachen,
um solche Nichtigkeiten auszutauschen?
So schwätzen wohl zwei Vögel miteinander,
derweil in unablässigem Gewander
des Stromes strenge Wogen meerwärts rauschen.
Erwacht in dir nicht ein Gefühl der Leere,
erwägst du, wie so auftut Jahre, Jahre
nichts als Geschwätz aus dir sich und dem andern,
indessen nach der Gottheit Schoß und Meere
der Geistesweisheit sternenspiegelklare
Gewässer ruhlos und gewaltig wandern?[88]

Auch in zahlreichen Heilungsgeschichten der Evangelien taucht das Schweigen auf, so gleich bei der Heilung des Aussätzigen (Matth. 8,1–4), wo nach der Heilung der Hinweis folgt „Sieh zu, dass du es keinem sagst"; oder bei der Heilung der zwei Blinden (Matth. 9,26–31): „Und mit Nachdruck schärfte Jesus ihnen ein: Seht zu, dass es niemand erfährt". Und dann folgt geradezu charakteristisch für heute: „Doch sie gingen hinaus und verbreiteten die Kunde von ihm in jener ganzen Gegend". Auch bei der Heilung der Tochter des Jairus folgt das Schweigegebot der Heilung: „Er aber gebot ihnen eindringlich, niemand dürfe dies erfahren" (Mark. 9,43). Weitere Beispiele könnten hier angeführt werden.

Welche Kraft spricht sich im Schweigen aus, warum hat die Schweigepflicht für den Arzt und alle pflegenden und therapeutischen Berufe eine so große Bedeutung? Wieder ist es Rudolf Steiner, der hier Antwort gibt: „In dem göttlichen Urvater liegt das, was der Weltengrund genannt werden kann; und gleichsam von ihm ausgehend, ihm zur Seite, ist erst dasjenige, wozu die Seele sich hindurchringen kann, wenn sie abseits aller materialistischen Vorstellungen ein wenig nur ihr Tiefstes sucht: Schweigen, das unendliche Schweigen, in dem noch nicht Raum und Zeit ist, sondern nur Schweigsamkeit. Zu dem Paar des Urvaters der Welt und des Schweigens, das noch vor Raum und Zeit ist, schaute der Gnostiker auf; und dann ließ er hervorgehen gleichsam aus der Vermählung des Urvaters mit dem Schweigen Wesen wie Welten".[89]

So wie sich das Licht von der Finsternis schied, hat sich zuvor auch das Wort von dem Schweigen geschieden? Ist die Urvergangenheit (noch vor Raum und Zeit!) zugleich eine Kraft, die aus der Zukunft wirkt? In der Mythologie der Edda lebt der schweigsame Gott Widar. Er ist von Beginn an da, Sohn Odins und einer Riesin, die aus einer Zeit noch vor den

Asenvölkern stammt, also auch vor Raum und Zeit, der Welt des Schweigens. Doch Widar ist Repräsentant der Zukunft, er überwindet den Fenriswolf, dem Odin noch unterlag. Er wirkt aus der Zukunft für die weiterführende Evolution, die nicht aufgehalten werden darf. Im Christlichen wirkt diese Zukunftskraft durch den Heiligen Geist, der zugleich die Sophia ist, das Weibliche oder auch mütterliche Prinzip der Trinität. Vater und Heiliger Geist zeugen den Sohn, durch den das Wort wirksam wird. Im Schweigen begegnen wir der Kraft, die trotz uralter Vergangenheit aus der Zukunft wirkt, dem Heiligen Geist, der zugleich ein heilender ist. Sich dem Schweigen zu übergeben heißt, die heilenden Kräfte des Geistes durch sich wirken zu lassen.

Noch ein Bild fügt sich hinzu: Der greise Zacharias verstummt, weil er den verkündenden Worten nicht vertraut, die von Gabriel, „der vor Gottes Antlitz steht", zu ihm von der künftigen Schwangerschaft seiner Frau Elisabeth gesprochen werden (Mark. 1,18–20). Er, der Vater Johannes des Täufers, geht durch lange Monate des Verstummens, ehe seine Zunge nach der Geburt und Nennung des Namens wieder gelöst wird. Zweifel oder Misstrauen sind gegenüber der Sprache des Geistes nicht möglich. Zacharias muss durch die strenge Schule des Schweigens, um den Zweifel in sich zu überwinden. Mahatma Gandhi bringt das Schweigen mit der Wahrheit, der Wahrheitssuche zusammen. Auch das ist eine christliche Botschaft. „Schon oft ist mir klargeworden, dass, wer nach Wahrheit sucht, schweigsam sein muss. Ich kenne die wunderbare Wirkung des Schweigens … Ich kenne also das Geheimnis des Schweigens. Schweigen ist eine große Hilfe für einen Wahrheitssucher wie mich. Im Zustand des Schweigens findet die Seele ihren Weg in einem klareren Licht, und alles Trügerische und alle Täuschung lösen sich auf in kristallene

Wahrheit. Unser Leben ist eine lange, beschwerliche Suche nach der Wahrheit, und die Seele braucht innere Ruhe, um zu ihrer vollen Größe zu gelangen".[90]

Schweigen oder Verschwiegenheit, auch als Schweigepflicht, sind keine äußeren Geschehnisse, sondern eng verbunden mit der Kraft des Heilens, die einen Glauben oder das Vertrauen voraussetzt, der Berge versetzen kann. Sich dem Schweigen zu verbinden ist ein Schulungsweg, um Diener des Heilens zu werden. Das heißt zum einen, mir Anvertrautes in mir zu bewahren, mit niemandem darüber zu sprechen, auch nicht dem mir Vertrautesten; das heißt zum anderen, dem Wort den Wert zu geben, den es als Schöpferkraft hat, seine Worte auf die Waage zu legen, nichts ohne Bedeutung zu äußern, „keine Nichtigkeiten auszutauschen". Ich erinnere an die Anweisung von Asklepios an Hippokrates: „Zuerst das Wort, dann die Pflanze, und zuletzt das Messer". Schweigen muss als aktive Seelenkraft entdeckt werden, es ist kein *Verschweigen*. Wie will ich „Gott" in mir vernehmen, wenn ich innerlich nicht zu schweigen weiß? Alles in sich zum Schweigen zu bringen, ist eine große kontemplative Kraft. Und aus ihr wird das Heilen geboren.

7.
Die heilende Arznei

Wenn der Arzt sich dem Heilen verbindet, hat er verschiedene Instrumente zur Verfügung. Eines ist das Wort, das er zum therapeutischen Gespräch gestaltet; ein anderes ist er selbst als Vorbild für Gesundheit, als Verstehender. Sein Hauptinstrument jedoch ist das Medikament, die Arznei. Auch hier ist die moderne Medizin einen schwierigen Weg gegangen, weg von den Natursubstanzen, der Heilpflanze, dem Mineral, hin zum synthetischen Stoff, der zuerst noch der Natur abgelauscht und dann derivatisiert und schließlich synthetisiert wurde. Das schloss auch ein, von einer Komposition von mehreren oder gar vielen Stoffen möglichst zum chemisch-definierten Einzelstoff zu kommen. Und solche Mittel dominieren unsere moderne Medizin. Mit ihnen verschwand jenes alte Gebot aus den Anweisungen des Hippokrates, das ihm vielleicht gegeben war durch den Heilgott Asklepios: „Du darfst als Arzt deinem Patienten nicht schaden" (nil nocere). Die Neben- oder besser unerwünschten Wirkungen moderner Arzneimittel (UAW) gehören seither so selbstverständlich zu ihnen, dass bei den Diskussionen um Sinn oder Unsinn von Naturarzneimitteln bald das schlagende Argument der Schulmedizin aufkam: „Ein Arzneimittel ohne unerwünschte Wirkungen hat auch keine Wirkungen an sich, d.h. es ist wirkungslos". Sprich: Naturheilmittel wirken nicht bzw. können gar nicht wirken. UAW wurden somit ein Gesetz der Pharmakologie für die Wirksamkeit von

Arzneimitteln, und jeder kann eine Zahl von Menschen nennen, denen durch moderne Arzneimittel vorübergehender oder auch bleibender Schaden zugefügt wurde, nicht selten sogar schon in Vorstadien der Arzneimittelprüfung, wo es ja immer auch darum geht, neben der Wirksamkeit auch die Verträglichkeit herauszufinden. Denn die moderne Forschung weiß nicht, ob ein Stoff arzneilich sinnvoll ist, sondern versucht es durch experimentelle Prüfung unendlich vieler Stoffe herauszufinden, wobei der Zufall nicht selten Pate stand, am bekanntesten bei der Entdeckung der Antibiotika.

Kann es denn Arzneimittel geben, die in sich kein Potential unerwünschter Wirkungen tragen und dennoch hochwirksam sind? Und welchen Zusammenhang sollte es bei dieser Frage mit einer durchchristeten Medizin geben?

Wenden wir uns zunächst der ersten Frage zu. Ab 1973 wurde ich als leitender Arzt einer kleinen Klinik in Hamburg, dem Helenenstift in Altona, so selbstständig, dass jede Entscheidung mir entsprach und meiner Verantwortung unterlag, d.h. keine übergeordnete Instanz mehr bestimmte, wie ich zu arbeiten hatte und welche Arzneimittel ich z.B. verwenden sollte. Seither habe ich immer zahlreicher Arzneimittel kennengelernt, die so konzipiert wurden, dass ihre Wirksamkeit von dem Therapiebedarf einer spezifischen Krankheit und dann noch differenziert durch den konkreten Menschen, der an ihr erkrankt war, bestimmt wurden. Und von denen ich immer sicherer sagen konnte: mit ihnen kann ich nicht schaden, nicht durch ihre Wirksamkeit, höchstens indem eine solche ausblieb, weil ich nicht die richtige Arznei getroffen hatte.

Diese neuen und in gewisser Hinsicht zukünftigen Arzneimittel entstammen vorzugsweise der Anthroposophischen Medizin und sind in ihrer Komposition und Indikation überwiegend von Steiner gegenüber konkreten ärztlichen oder pharmazeutischen Fragestellungen angeregt worden. Und das Interessante und eben auch ganz Moderne an ihnen ist, dass auch sie *synthetische* Arzneimittel sind. Sie sind es nicht im Sinne einer materialistischen Chemie, die Stoffe entwickelt, die in der Natur nicht existieren (z.B. Acetylsalicylsäure), sondern als Fortsetzung einer spirituellen Alchemie, die verschiedene Naturstoffe oder -wesen zu einer neuen, so in der Natur nicht existierenden Einheit verbindet.

An dieser Stelle muss ich eine ganz kurze („approximative“) Darstellung dieser Arzneimittellehre wagen und zugleich auf die vielfältige und ausführliche Darstellung in der Literatur verweisen, sowohl der eigenen[91] als auch der übergeordneten eines Vademecums.[92]

Stoffe aus der Natur, d.h. Mineralien, Pflanzen- und Tierstoffe haben einen mit dem Menschen und seiner Entwicklung eng verbundenen Entstehungsweg. Ganz anders als Darwin sieht Steiner die Weltenentstehung so, dass sie vom Menschen als Schöpfung einer Ebenbildlichkeit Gottes, des Schöpfers (Moses 1,26–27) bestimmt wird. Der Mensch hat sich nicht vom einfachsten Einzeller bis zum höchsten der Säugetiere und evtl. einen „winzigen“ Schritt über die Hominiden hinaus entwickelt. Er hat die Entwicklung seiner Leiblichkeit und Seele von dem Ursprung seiner Schöpfung, dem geistigen Keim, seinem ICH, aus bestimmt. Allerdings mit Hilfe zahlloser ihm vorangeschrittener Wesen, die von den Alten „Götter“ genannt wurden und in der christlichen Anschauung als Hierarchien bezeichnet werden.

Jeder Schritt auf diesem Wege zur Vervollkommnung von Seele und Leib machte notwendig, Teile auszusondern, wenn sie hemmend wirkten. So entstanden die Naturreiche, die Steiner als Absonderungen der Menschheitsevolution charakterisiert. So entstand als erstes Naturreich nach dem Menschen das der Tiere, dann die Pflanzen und schließlich das Reich der Mineralien. Seine eigene Bildung von Leib und Seele bedeuteten zugleich Neuschöpfung der Welt, die wir heute Natur oder Naturreiche nennen. Folgt man diesen Gedanken, und wenn auch nur als Hypothese, wird verständlich, warum die Natur für den Menschen ein weitgefächertes Potential von Heilwirkungen in sich birgt, was Paracelsus sagen ließ, dass gegen jede Krankheit ein Kraut (eine Pflanze) gewachsen sei. Das lässt auch die im Vergleich mit den modernen synthetischen Arzneimitteln der Schulmedizin viel bessere Verträglichkeit verstehen. Denn hier ist Verwandtschaft, im alten Sinne „Gleiches“, und schon im griechischen Altertum galt die Regel „Gleiches wird durch Gleiches geheilt“.

In der notwendigen Verkürzung: Die drei Elemente unseres Leibes, also Stoff, Leben und Empfindung spiegeln sich in den drei Naturreichen. Nur ist keine Übereinstimmung oder direkte Verbindung gegeben. Denn noch heute kann Natur im Menschen nicht bleiben, wie sie ist, sie wird durch ihn verändert, er überwindet sie, macht sie sich zu Eigen. Das nennen wir Verdauung, sowohl der Nahrung als auch alles sonstigen „Fremden“. Das ist eine zentrale Funktion des Immunsystems.

Keine Natur darf mehr unmittelbar im Menschen wirksam bleiben, und wenn sie es dennoch tut, wird er krank. Alle Natur wird im Menschen überwunden, ihrer Eigenschaften entkleidet und zu etwas ganz Eigenem gemacht oder auf direktem Wege wieder ausgeschieden. Das gilt auch für alle direkt aus der Natur stammenden Arzneimittel. Sie wirken also nicht als Stoff, sondern als Information. Ich habe sie auch gerne als Lehrer bezeichnet, die dem erkrankten Organismus aufzeigen, wie er es im Gesunden machen müsse. Eine andere Seite ist auch die Naturarznei als „Nahrung“, z. B. der Weißdorn für den geschwächten Herzmuskel, oder als Substitution bzw. Unterstützung einer gestörten Funktion. Ausnahmen bilden bei den Pflanzen diejenigen, die Gifte bilden, z. B. Alkaloide oder Glykoside bzw. die Lektine und Viscotoxine der Mistel. Hier bildet die Giftpflanze ein direktes Gegenüber des Ichs, fordert es zum Kräftemessen, will überwinden oder überwunden werden. Wieder finden wir diese Anschauung schon bei Paracelsus, wenn er sagt, dass die Dosis es mache, ob etwas Gift oder Arznei sei. Das gilt auch für Mineralien wie Phosphor und Arsen oder tierische Gifte. Die besonderen Arzneimittel der Anthroposophischen Medizin, soweit sie nicht von der Homöopathie, Spagyrik oder Pflanzenheilkunde übernommen wurden, folgen einer ganz anderen Gesetzmäßigkeit. Sie werden in pharmazeutischen Prozessen hergestellt, für welche die geschilderte entwicklungsgeschichtliche Verwandtschaft Leitbild ist und ihre damit verbundene (und auch angesprochene) Beziehung zur Leibesgliederung. Das erfolgt jedoch mit Blick auf die Krankheit und wie durch sie die Verhältnisse dieser Glieder untereinander verändert wurden.

Dazu kommen die den Substanzen innewohnenden Fähigkeiten, die Leibesglieder wieder zum Gesunden hin zu ordnen. Wobei es keine unmittelbare Einwirkung ist, sondern eine mittelbare, die ich zum besseren Verständnis als Information bezeichnete. Steiner formuliert dies radikaler: „Den Geist der Natur, nicht die Substanz muss man kennen, weil man mit dem Geist der mineralischen und pflanzlichen Natur in Wirklichkeit den Menschen heilen muss“.[93] Und auch ich muss hier deutlicher werden, weil es ja darum geht, eine Spiritualisierung der Medizin zu veranlagen. Es sind alle

Stoffe, ob feine Substanzen oder auch die grobe Materie, immer durchdrungen von geistigen Wesen, die sie geschaffen haben oder auch ihr Verschwinden bewirken als ein ständiges Werden und Vergehen, wie es ja auch im menschlichen Organismus täglich geschieht. Diese schaffenden Wesen sind je nach den verschiedenen Elementen (Erde, Wasser, Luft und Feuer) oder Aggregatzuständen (fest, flüssig, gasförmig, wärmend) gegliedert und werden (als Ausdruck der Natur) auch Natur- oder Elementarwesen genannt. Die vier Hauptkategorien sind die Gnome, Undinen, Sylphen und „Salamander" oder Feuerwesen. Sie sind Geschöpfe der dem Menschen nahestehenden dritten Hierarchie, zu der die Engel, Erzengel und Urkräfte oder Archai gehören. Auch diese sind untereinander wieder vielfach gegliedert. Steiner hat sie in einer Meditation für Ärzte die „heilenden Geister" genannt.[94] Mit ihnen muss sich verbinden, wer therapeutisch arbeiten und dem Heilen dienen will.

Es ist meine tief gegründete Überzeugung, dass die Arznei unsere Botschaft an diese Welt heilender Geister ist, sei es auf der Stufe der Elementarwesen, sei es im Anruf der dritten Hierarchie. Hier berühren wir schon einen Zipfel des zweiten Frageteils, was denn an der Arzneifrage zu verchristlichen wäre. Doch darüber später etwas mehr. Zunächst möchte ich wieder beispielhaft Arzneimittel der Anthroposophischen Medizin beschreiben, um das bisher Geschilderte anschaulich zu machen. Zuvor aber noch ein ergänzender Brückengedanke. Die vier Bereiche oder Glieder des menschlichen Leibes müssen miteinander kommunizieren, auch wenn jedes seine ganz eigenen Gesetzmäßigkeiten hat. Das geschieht durch *drei Funktionssysteme*, über die Steiner erstmals 1917 nach mehr als 30-jähriger Forschungsarbeit schrieb.[95] Er nannte sie Sinnes-Nerven-System (SNS), Rhythmisches (RhS) und Stoffwechsel-Gliedmaßen- (oder Bewegungs-) System (StBS). Diese drei Systeme sind die Vermittler der Botschaften, die ich via Arznei an die im Leib wirkenden heilenden oder auch zunächst gesunderhaltenden Wesen gebe. Man mag sagen, das sei ja alles furchtbar kompliziert. Und das ist es auch. Doch ist es zugleich ungleich viel lebendiger und anschaulicher als alle Rezeptoren-Theorien oder molekular vorgestellten Vorgänge der Schulmedizin, die oft nur hypothetischer, ja nicht selten spekulativer Natur sind. Sie sind gerade ganz und gar nicht anschaulich, lediglich ein Gedankenkonstrukt. Und keineswegs weniger kompliziert. Gerade deshalb hat sich ja das Spezialistentum in der Medizin gebildet, weil ein Einzelner das gesamte Konstrukt nicht mehr überblicken konnte. Da wurde für mich die geistige Anschauung viel überschaubarer, und vor allem hatte sie immer mit dem ganzen Menschen zu tun, nicht nur mit seinen Teilen.

Doch nun zu den Beispielen. Ich wähle drei aus, die Ähnlichkeiten miteinander haben und doch in verschiedenen Regionen des Organismus wirksam werden, wenn auch ihre Wirksamkeit immer auf den ganzen Organismus ausgerichtet ist.

Kephalodoron® (Biodoron) ist eine mineralische Komposition von Quarz, Eisen und Schwefel. Ein komplexer pharmazeutischer Herstellungsprozess gestaltet aus diesen drei Substanzen eine neue Einheit, die als *ein* (neuer) Arzneistoff gesehen werden muss und den es in der Natur so nicht gibt. Durch Kephalodoron wird ein Abbild der funktionalen Dreigliederung geschaffen, allerdings mit Betonung des Kopf- oder Zentralnervensystems. Denn die drei Funktionsglieder sind an jedem Ort im Organismus vorhanden, wirken immer zusammen, Sinnes-Nerven-System und Stoffwechsel-Gliedmaßen-System polarisierend, das Rhythmische System ausgleichend. Durch die mineralische Grundlegung wendet sich Kephalodoron direkt der Ich-Tätigkeit im Leibe (Ich-Organisation) zu und zeigt dieser und den mit ihr wirkenden Wesen das Vorbild einer gesunden Funktion. Steiner regte das Mittel zur Behandlung der Migräne an, ließ jedoch keinen Zweifel, dass es weit über diese Indikation hinaus wirksam sei.[96]

Cardiodoron® richtet sich unmittelbar an das Rhythmische System, an die Regulierung von Atmung und Zirkulation. Wieder finden wir drei Ausgangssubstanzen, diesmal als Pflanzenteile. Bilsenkraut, Himmelschlüsselchen und Eselsdistel bilden eine Komposition, die nicht nur die Summe der Teile ausdrückt, sondern eine neue Einheit ist. Auch hier finden wir eine Nachbildung der funktionalen Dreigliederung, doch nun in der Ausrichtung auf den mittleren Menschen (Rhythmisches System). Der Eintrittsort dieses Arzneimittels ist der Empfindungsleib und damit eine Bewusstseinsschicht, die mit der wachen Sinneswahrnehmung beginnt und im fertigen Urteil mündet. So charakterisiert Steiner auch die umfassende Wirksamkeit von Cardiodoron mit dem überraschenden Satz: „Sie werden sehen, wie wenig die Menschen an Urteilsfähigkeiten haben. Das hängt ja mit dem Herzen zusammen, da könnte man Cardiodoron diätetisch geben“.[97]

Schaut man auf unsere gesellschaftliche Situation im Bilde der Medienlandschaft, könnte etwas ironisch gesagt werden, dass Cardiodoron fast ein Diätetikum für die modernen Menschen werden könnte. In jedem Fall ist es ein überragendes Mittel, wenn der Mensch seine Mitte zu verlieren droht.

Digestodoron® ist eine völlig überraschende Komposition von jeweils drei (ehemals vier) Weiden- und Farnarten. Und Steiner empfiehlt nicht die für die Weide bekannte Rinde (Salizylate) oder den Wurzelstock der Farne (Wurmkuren), sondern jeweils die Blätter. Dieses Mittel lässt sich schwerer entschlüsseln als die beiden vorangegangenen, hat jedoch – worauf der Name schon hinweist – seinen Bezug zur Verdauungstätigkeit im umfassendsten Sinne. Deren wichtigste Elemente finden sich in der Wahrnehmung, was verdaut werden soll, in der Bewegung und einem unfassbar komplexen Chemismus. Dieser wird durch mehr als 100 gastrointestinale Hormone gesteuert. Und für die gesunde Tätigkeit und einer alles Fremde überwindenden Verdauung steht erneut als Vorbild oder Lehrinhalt Digestodoron. Wieder ist es die Botschaft für die Wesen, die den Organismus bilden und erhalten, denen etwas außer Kontrolle geriet oder die zu falschen Tätigkeiten (Ort, Zeit, Intensität) verführt wurden und nun Anleitung bekommen, ihre „gesunde" Tätigkeit wieder aufzugreifen.[98]

Viele solche Beispiele könnte ich anführen, viel ausführlicher könnte alles dargestellt werden, doch soll es für das Anliegen einer christlichen Medizin bei den angedeuteten Beispielen bleiben. In der Literatur[99] findet sich schon heute vieles, wenn auch meist mehr von außen betrachtet, weil die Sorge besteht, missverstanden oder gar verspottet zu werden. Und doch besteht aus meiner Überzeugung gerade in dieser Zeit die Notwendigkeit, ins Innere der Natur und auch des Menschen vorzudringen, zum „Ding an sich" (Kant) und damit erst zur Wirklichkeit, und darüber auch offen zu sprechen.

Die Arznei ist also Vermittler, Botschafter, ihr entscheidender Anteil ist geistiger Natur, der stoffliche nur deren in Erscheinung tretende Form. Deshalb müssen Arzt, Pflegender und Pharmazeut die Stoffeskunde ergänzen durch eine Wesenserkenntnis und diese in Beziehung setzen zum Menschen selbst und natürlich zu seinen Krankheiten. Ein Ausspruch Steiners leitet über zu dem Fragenteil, der den christlichen Anteil der Arznei beantwortet. Steiner sagte, dass dem die Arznei herstellenden Pharmazeuten der Labortisch zum Altar werden müsse.[100] Ich habe das immer so verstanden, dass hier sowohl eine Haltung angesprochen wird als auch das tiefe christliche Geheimnis der *Transsubstantiation.* Die Verwandlung von Brot und Wein zu Leib und Blut Christi ist die höchste Offenbarung eines Vorgangs, den die Medizin seit langen Zeiten Stoffwechsel nennt. Dieser Begriff muss einfach exakt genommen werden, denn in jedem lebendigen Organismus verändern sich Stoffe ständig, es wird zusammengefügt und getrennt, wird verfeinert oder verdichtet, es gehen Stoffe den Weg zur vollständigen Verflüchtigung oder entstehen aus dem scheinbaren Nichts.

In Rudolf Steiners Darstellung wird jeder Stoff, den der Mensch aufnimmt, in ihm bis zu einer Ich-Stufe verwandelt, das heißt, er geht den Weg über Lebendigkeit zur Empfindung und schließlich wird er individuell, ich-geprägt. Was wieder von außen betrachtet der Potenzierung der Stoffe in Hahnemanns Homöopathie entspricht, allerdings als geistiger Prozess aus der Kraft des Ich. Und Steiner macht darauf aufmerksam, dass es auch so etwas wie eine umgekehrte Potenzierung gibt, die Verdichtung unendlich feiner Substanzen (Steiner nennt sie Imponderabilien) hin zu einem sinnlich fassbaren Stoff. Er nannte diesen Vorgang mit Blick auf die Nahrungsaufnahme „kosmische Ernährung".[101]

Und in der Tat ist längst erkannt, wie viel der Mensch (und natürlich auch Tier und Pflanze) feinstofflich durch Atmung oder Haut aufnimmt, ja auch über die Sinnesorgane, wenn dies auch noch kaum untersucht wurde. Und grundsätzlich werden alle diese Vorgänge von Wesen oder Geistern, elementarer und hierarchischer Natur, bewirkt und begleitet.

Dem Arzt gab Steiner mit auf den Weg, dass er immer vom Leben in das Bewusstsein wirken würde, der Priester dagegen vom Bewusstsein in das Leben.[102]

Damit stoßen wir auf eine ganz andere Art heilender Arznei, die *Sakramente*, deren unmittelbarstes die Kommunion von Brot und Wein ist. Welche Wirksamkeiten durfte ich als Arzt miterleben, wenn der Priester die Kranken-Kommunion ausführte! Welche erstaunlichen Anstöße und Veränderungen im Krankheitsverlauf waren zu beobachten, vergleichbar z. B. einer Krisis im Verlaufe einer Lungenentzündung. Wirkt der Arzt vom Leben ins Bewusstsein, muss einerseits die Arznei so zubereitet sein, dass sie vom Leben aufgenommen werden kann. Andererseits muss dem Arzt seine Verantwortung klar sein, in das Bewusstsein eines anderen Menschen, des Patienten, auf Wegen der Arznei einzugreifen. Die damit verbundene hohe Verantwortlichkeit kann eigentlich eine rasche Rezeptur ohne großes Nachdenken oder einer Leitlinie folgend gar nicht zulassen! Wir erleben die nahe Verwandtschaft im Tun von Arzt und Priester, die ja einst in einem Beruf verbunden waren und zukünftig auch wieder Hand in Hand arbeiten sollten zum Wohle des ganzen Menschen, der auch an der Seele gesunden muss (Leibsorger und Seelsorger).

In den Heilungsgeschichten der Evangelien taucht die Arznei so gut wie gar nicht auf. Hier heilt die Christuskraft unmittelbar, zum Beispiel beim blutflüssigen Weib (Mark. 5,22–43), wo die bloße Berührung des Gewandes schon Heilung bewirkt. Und die Jünger konnten aus Christi Vollmacht seine Kräfte zum Heilen einsetzen, wenn es ihnen auch nicht immer gelang. Wir Menschen heute sind wohl überwiegend noch weit entfernt von der direkten Vermittlung der heilenden Christuskraft.

Ist die heilende Arznei ein Mittler und eine Vorstufe dazu? Ist darin auch für die Arznei die Notwendigkeit zu entdecken, dass sie christlich geprägt ist? Das führt gleich weiter zu der Erkenntnis, dass sie freilassend sein muss! Sie darf nicht zwingen, sie ist ein Angebot. Sie braucht Voraussetzungen im Kranken, z. B. den Glauben, doch vor allem seinen Willen und die Bereitschaft, auf sie zu reagieren, sich auf ihr Angebot, ihre Botschaft, einzulassen. „Willst du gesund werden?" ist die Frage jeder Arznei, die Ausdruck der Christuskräfte ist, an den Erkrankten. Und ohne das Ja des Kranken kann sie nicht wirksam werden. Das ist ein ganz entscheidender Unterschied zu den modernen synthetischen Arzneistoffen, die nicht fragen, sondern einfach tun, den Leib zwingen. Und ist das Ich stark genug, sich zu wehren, tauchen die unerwünschten Arzneiwirkungen auf.

Schauen wir das bisher Ausgeführte noch einmal zusammen, so ist das Wirksame einer durchchristeten Arznei nicht ihre stoffliche äußere Form, die sich z. B. in Form der Inhaltsstoffe zeigt, sondern ihr geistig schöpferisches Prinzip, das heilenden Wesen entstammt. Die Arznei vermittelt Botschaften oder Lehrinhalte an die dem Leibe eigenen gestaltenden und schöpferischen Wesenheiten, ist Informationsträger, sucht Kommunikation. Und eine Interaktion von Arznei und Leib kann nur erfolgen, wenn auf beiden Seiten die Bereitschaft dazu da ist. Insofern stoßen wir auf das Willenselement als Träger aller Handlungen und verstehen die Notwendigkeit der Frage „Willst du gesund werden?". Genauso muss jedoch auch die der Arznei innewohnende Kraft darauf gerichtet werden, heilen oder gesunden zu wollen. Das bedeutet, sich als Arzt den heilenden Geistern zu verbinden, sie zum Mittun zu bitten, die Arznei zu impulsieren.

8.
Raphael, der christliche Merkur

Fragen wir nach den heilenden Geistern, so finden wir als ihren Mittelpunkt den Erzengel Raphael. Steiner nennt ihn den großen Lehrmeister aller Heilwirkungen und einen ständigen Begleiter des Menschen. Schon im Alten Testament taucht dieses Begleiten in der Erzählung von Tobit und seinem Sohn Tobias auf, der von Raphael begleitet wird (Buch Tobit). Die Erzählung mündet in ein zweifaches Heilungsgeschehen: Der erblindete Tobit wird durch Auflage von Fischgalle auf seine Augen wieder sehend; die von einem Dämon besessene Sara, zukünftige Ehefrau von Tobias, wird durch den Verzehr von Leber und Herz des Fisches von ihrem Dämon befreit.

Die Erzengel werden auch die Merkursöhne genannt, und der Merkurstab mit der durch ihn aufgerichteten Schlange ist ein uraltes Symbolum des Arztes oder der Heilberufe. In seinem Kurs für die jungen Ärzte und Medizinstudenten verweist Steiner ebenso auf den Merkurstab wie im Pastoralmedizinischen Kurs. „Wir müssen den Merkurstab wieder handhaben lernen", was heißt, sich den Heilkräften Raphaels zu verbinden, ihn zu seinem Begleiter und Lehrmeister zu machen. „Denn Raphael ist gerade der christliche Merkur".[103]

Raphael ist im Jahreskreislauf mit den Ostermysterien verbunden, er wirkt im Bewusstsein von Tod und Auferstehung, er hält zugleich Erdenmensch und Geistesmensch in Harmonie zusammen als Ausdruck leiblich-seelischer Gesundheit. Ihr Auseinanderdriften bewirkt Krankheiten durch Verhärtung oder Verflüchtigung, ihr harmonisches Gleichgewicht Gesundheit. Jedes Kranksein ist mit Todeskräften verknüpft, jede Überwindung bedeutet Auferstehung zu einer neuen, höheren Gesundheit – eben nicht die Wiederherstellung des vorher Gewesenen (restitutio ad integrum), sondern Verwandlung zu einem Neuen ist der Sinn einer Krankheit, die geheilt wird. Ich erinnere noch einmal an den Satz Steiners: „Die Krankheit erhält erst ihren Sinn, wenn sie geheilt wird".[104] Als ein Gegenüber des Wirkens von Michael zur Herbsteszeit wirkt Raphael in dieser Zeit von der anderen Seite der Erde, quasi durch diese hindurch, und erzeugt Kräfte, die der menschlichen Atmung zugrundeliegen. Raphaels Kraft wirkt in jedem Atemzug (und hier denke ich besonders an die Einatmung), und begleitet sie von den Lungen zum Herzen hin und von dort durch den ganzen Blutkreislauf hindurch, wo wiederum Michaels Kraft über das Eisen seine Wirksamkeit entfaltet.

Steiner eröffnet uns ein großes Geheimnis: „Denn es gibt ein großes Geheimnis: Alle heilenden Kräfte liegen ursprünglich im menschlichen Atmungssystem". Und: „Alle Geheimnisse des Heilens sind zugleich die Geheimnisse des Atmens".[105] Organische Träger der Merkurwirkungen im Organismus sind die Lungen! Und die sogenannten Atmungsfermente sind eisenhaltig! In Raphael sehe ich den Regent aller im Dienste des Heilens wirkenden Geister, seien sie elementarer oder hierarchischer Art. So sehr es notwendig ist, jeden Einzelnen von ihnen und ihre je spezifischen Aufgaben in unserem Organismus zu kennen, was lebenslanges Lernen und Bemühen bedeutet, so übernotwendig ist es, einen inneren Weg zu Raphael zu suchen, wenn Heilen durch einen selbst möglich werden soll. Das geschieht z. B. durch die drei

Angelöbnisse in der genannten Meditation[94], wenn ich mein Seelenwissen, mein Seelenleben und mein Seelensein der Tätigkeit dieser heilenden Geister in Sulphur, Merkur und Sal verbinden, erregen und erstarken will. Das geschieht auch durch das Praktizieren der Meditation aus dem Pastoralmedizinischen Kurs, die als Leitmotiv diesem Buch zugrunde gelegt wurde. Der große Therapeut der Menschheitsentwicklung ist Christus, durch ihn wirkt der heilende („Heilige") Geist, und in beider Dienst oder Auftrag handelt Raphael.

9.
Das Lukasevangelium als innere Anweisung für den Heilwillen

Rudolf Steiner hebt das Lukas-Evangelium aus den anderen drei Evangelien heraus als ein besonderes Schulungsbuch für den Arzt und die Heilberufe. Sein unausgesetztes Studium nennt er eine Anweisung für das Ausbilden eines Heilwillens.[106] Was ist das Besondere dieses Evangeliums? Lukas ist kein Jude, sondern Grieche. Er lernt das Christentum kennen durch Paulus, als dessen Schüler wir ihn denken können. Er ist Arzt und zugleich Maler. Lukas gilt als der Maler, der als Erster ein Bild der Mutter Jesu, Maria, malte. Bemerkenswert, dass als ein Vorläufer der neuen naturwissenschaftlichen Medizin auch ein Arzt zugleich begnadeter Maler war, Carl Gustav Carus.[107] Allerdings war er Naturwissenschaftler im Sinne Goethes, für ihn war Natur eine Offenbarung des Geistigen oder Gottes, kein zufälliges Stoffgemenge, aus einem Urknall entstanden. „Jeder Mensch, ja alle Kreatur, ist eine Idee Gottes. Und alle sind gleich wert", formulierte Carus.[108] Er sah auch in jeder Arznei einen wirksamen Geist („Spiritus"), der das eigentlich Wirkende in ihr sei.

Lukas wendet sich mit seinem Evangelium an den „Gottesfreund" in jedem Menschen. Der angesprochene Theophilus (Luk. 1,1–4) ist keine konkrete Person, sondern das in uns, was uns mit Gott verbindet. Und das wiederum ist Christus, denn „keiner kommt zum Vater denn durch mich" (Joh. 14,6). Lukas sucht uns in unserer Empfindungssphäre anzusprechen, diesem psychosomatischen Leibanteil, in welchem

Empfindungsleib und Empfindungsseele eine atmende Verbindung von Geburt bis zum Tode eingehen. Die Anthroposophie spricht auch vom Astralleib, einem Sternenleib. Im klassischen Griechentum nannte man ihn den Aesthetikon, denn er ist der leibliche Träger aller Schönheit im Menschen.

Die Empfindungswelt und die Offenbarung der Schönheit ist das Besondere am Lukas-Evangelium. Die Spontanität der nur halbbewussten Empfindungsseele, deren Bewusstsein ein träumend-bildhaftes ist, findet ihren Ausdruck im Lukas-Evangelium. Sympathie, Antipathie und Empathie sind archaische Anteile von ihr, ihr Wesen ist Licht, Gegenwart, der Augenblick. Das Lukas-Evangelium ist sprachlich in Bildern gemalt. Weltweit ist im Christentum die Weihnachtsgeschichte von der Geburt Jesu, wie Lukas sie darstellt, Vorlage für die Bilder der Maler, die Verkündigung Mariae ebenso. Der Text ist durchgehend liebevoll, nahegehend, Mitgefühl hervorrufend. Das ist bei keinem der anderen Evangelien vergleichbar. Es schult also unsere Empfindungsfähigkeit, aus der Mitleid oder Nächstenliebe als christliche Tugenden entstammen, auch die Barmherzigkeit im Bilde des Samariters. Und jeder, der in einem medizinischen Beruf arbeitet, braucht dieses Einfühlungsvermögen in den anderen, das heute auch Empathie heißt, und das ein ständiger Ausgleich von Nähe („Sympathie“) und gesunder Distanz („Antipathie“) ist, von unserem Ich aktiv gesteuert. So angeschaut, kann das Lukas-Evangelium schon als besondere Schulung der Heilberufe verstanden werden. Doch ist das gemeint, ist das schon alles?

Rudolf Steiner hat in zusammenhängenden Vorträgen an verschiedenen Orten Erläuterungen zum vertieften Verständnis der Evangelien gegeben, so auch zum Lukas-Evangelium.[109] Die zentrale Aussage dieser Vorträge empfinde ich in dem Zusammenwirken von Gautama Buddha und Christus. Das vermittelt Steiner durch seine Zusammenstellung der acht Seligpreisungen der Bergpredigt (Matth. 5,3–12), dem achtgliedrigen Pfad Buddhas zur Erleuchtung und den acht Bedingungen zur Ausbildung des Kehlkopfchakras, der sechzehnblättrigen Lotusblume in der Region des Kehlkopfes.[110] Diese ist ganz entscheidend für den zukünftigen Arzt, öffnet dieses Seelenorgan oder -auge doch den Blick für die tiefen Wirklichkeiten der Natur und zugleich als soziales Wahrnehmungsorgan für die Bedürfnisse anderer Menschen. Schon bei der Verkündigung der frohen Botschaft der Geburt des Messias an die Hirten leuchtet in dem Bild der „himmlischen Heerscharen", der Engelschöre, das Wesen Buddhas auf, welcher der Träger der kosmischen Liebe und der Friedfertigkeit ist. Er bildet auch die Aura im Stall, den Frieden dort, die Stimmung der Andacht, wie sie die Hirten hineintragen, wie sie jedoch auch von Maria und Joseph und der „Kreatur" von Ochs und Esel ausstrahlt. Wie anders als die weisheitsvolle Welt der Könige, Weisen oder Magier, wie sie uns Matthäus schildert, und durch welche die Weisheits- oder Erkenntniskraft Zarathustras aufleuchtet.

Ich folge nun der Darstellung in dem Vortrag des Kurses für junge Ärzte und Medizinstudenten[104], in dem Steiner auf das Lukas-Evangelium hinweist, und seinen Zusammenhang aller in dem Kurs erfassten Vorträge, wenn ich aus ganz persönlichem Verstehen vermitteln möchte, was alles die Anweisung des Lukas-Evangeliums zum Ausbilden eines Heilwillens umfasst. Es sind zunächst drei Schritte, die dazu erforderlich werden, die ineinander verflochten sind und von denen doch jeder eine eigene Gesetzmäßigkeit in sich trägt: Den ersten Schritt nennt Steiner ein exoterisches Studium von Natur und Mensch, einen zweiten die esoterische Vertiefung des so Erworbenen, und als dritten Schritt die Ausbildung moralischer Fähigkeiten.

Das exoterische Studium von Natur und Mensch

Das exoterische Studium gründet auf der Sinneswahrnehmung. Deren Methodik hat schon der junge Steiner dargestellt.[111] Sie ist nicht gegeben, sie muss geschult werden. Wichtige Elemente sind Exaktheit, Reproduzierbarkeit und Vorurteilslosigkeit. Diese bilden die Voraussetzung für die „reine Wahrnehmung", wie Steiner sie schildert. Die Sinne sind Golfe, durch die sich die Welt mir mitteilt, wo ich ihr als waches („präsentes") Ich unmittelbar begegnen kann. Da ist Wahrheit, Objektivität. Das Mikroskop ist hierfür kein Vermittler, hier muss ich makroskopieren! Die Welt wird mir ein „offenbares Geheimnis", wie Goethe es nennt. Und ich muss seine Fähigkeit einer anschauenden Urteilskraft ausbilden. Es ist also mehr als was heute Naturwissenschaft in der Medizin genannt wird. Neben Mineral, Pflanze und Tier ist es vor allem der Mensch, dem ich so wahrnehmend begegnen muss. Hier beginnt wahre Diagnostik, die tragischerweise inzwischen mehr und mehr an Apparate delegiert wurde. Diese jedoch liefern uns keine Wahrnehmung, damit auch keine Wirklichkeit, sondern Surrogate derselben. Vor allem jedoch verhindern sie das Impulsieren der Empfindungsfähigkeit, die gerade das Lukas-Evangelium schult.

Ich fühle mich tief in meinem ästhetischen Empfinden gestört, wenn ich eine durch Zirrhose verhärtete Leber taste, ein bronchitisches Rasseln der Atmungsgeräusche höre, ein durch grauen Star erblindetes Auge sehe, um wenige Beispiele zu nennen. Jede Wahrnehmung wird mir so zum Erlebnis, ruft Kräfte in mir auf, sich an der gesunden Ästhetik des Leibes zu erfreuen und an der Hässlichkeit der Krankheit mitzuleiden. Sie schult den Drang in mir mitzuwirken, die ursprüngliche Schönheit wieder herzustellen oder gar eine neue, andere zu gestalten. Dieses Ausbilden von Anschauung und Urteilen ist ein Grundstein für das, was der Arzt braucht, der heilen will.

Die esoterische Vertiefung

Im nächsten Schritt folgt die esoterische Vertiefung. Und es sind beispielhaft zwei Meditationen, die hier Übungsfeld werden können. Von der Anrufung der heilenden Geister und dem Verbinden meiner Seele mit ihnen wurde schon gesprochen.[94] Die zweite führt mich in das Erleben von zwei Kraftfeldern, die im Leibe und in der Seele wirken und die *Leuchtekraft* und *Schweremacht* genannt werden.[112] Diese Meditation macht mich fähig, das gesunde Miteinander von Leib und Seele zu verstehen. Ich lerne ihr Sich-Begegnen oder Sich-Berühren, doch auch ihr Getrenntsein; und wie ein gegenseitiges Erfassen oder Durchdringen Verderbnis bringt, d.h. Krankheit. An jedem organischen Ort, ja konsequent gedacht bis in jede Zelle hinein findet dieses Wechselspiel statt, und überall ist Empfindung, meist unbewusst, manchmal ins träumende Bewusstsein erhoben.

In der gesunden Empfindung – und umso mehr auch in der gestörten – eröffnet sich mir ein großes diagnostisches Feld, das sich nirgendwo sinnlich erfassen oder abbilden lässt, das sich in mir abbildet und von mir verstanden werden will. Wobei Voraussetzung ist, dass ich den Menschen kennen muss, um die Veränderungen zu begreifen. Es ist ein musikalisches Geschehen, das sich zwischen dem anderen und mir vollzieht. Habe ich im ersten Schritt eine innere Bilderwelt der Anschauung erzeugt, sind es jetzt Töne, Melodien, ja auch Sprache. Steiner nennt es die Fähigkeit zur *Inspiration*, die bildgebende Fähigkeit schafft *Imagination*. „Wer Ohren hat zu hören, der höre".

Die Ausbildung moralischer Fähigkeiten

Im dritten Schritt entwickle ich die Fähigkeit der Intuition. Sie ist Ausdruck des moralischen Menschen, was nicht ausschließt, dass sie zugleich Erkenntnisfähigkeit ist. Doch trägt erkennende Intuition immer den unmittelbaren Drang oder Auftrag zum Handeln in sich. Denn der moralische Mensch ist der handelnde. Hier entsteht der Schritt zur therapeutischen Befähigung. Und es mag deutlich werden, wie wenig von dem, was heute Therapie genannt wird, dieser entspricht. Wobei das nicht als Vorwurf gemeint ist, sondern als Faktum. Lehrt doch das Studium nichts davon, wird doch dieser Aspekt, der eine gemeinsame Ethikauffassung voraussetzt, in der modernen, auf äußere, vom Forschenden unabhängige Evidenz gestützten Medizin gar nicht gewollt.

Und das führt zu einer weiteren beispielhaften Meditation, die drei Elemente beschreibt, von denen Steiner sagt: „Die göttlichen Weltenmächte haben das Leben angeordnet nach *Maß*, *Zahl* und *Gewicht*".[113] Das haben die einer gesunden Entwicklung des Menschen entgegenstehenden Mächte, die auch Widersacher genannt werden, äußerst raffiniert benutzt, um der modernen Medizin einzuflüstern, nur das habe Wirklichkeit, was sich messen, zählen und wiegen lässt. Sie haben diese geistige Gesetzmäßigkeit auf eine mechanischmaterialistische Ebene herabgezogen, denn genau in diesen Dimensionen wird heute Gesundheit und Krankheit bestimmt. Hinzu kommt noch der Begriff der Norm, gebildet nicht aus Anschauung und Verständnis, sondern aus einem statistisch errechneten Mittelwert und seinen Standardabweichungen. Das ist nicht Ausdruck des Willens der Schöpfermächte und nicht die Ordnung des Lebens, die sie vermitteln.

Es bleibt doch ein Wunder, in welcher zuverlässigen Abstimmung der unendlich vielfältigen Vorgänge unseres Organismus das Leben in ihm verläuft. Alles in Ordnung, müsste doch die Aussage des Diagnostikers lauten, wenn er Gesundheit am Menschen feststellt, und nicht etwa „ohne Befund" (o. B.!). Es hat mich immer fasziniert, dass zu den klassischen europäischen Naturheilverfahren die Ordnungstherapie zählt. Doch keiner weiß heute mehr so richtig, was das sein soll. In Maß, Zahl und Gewicht stoßen wir darauf. Denn alle drei Elemente umfassen Weltengesetzmäßigkeiten, die sich auf den einzelnen, konkreten Menschen bezogen individualisieren.

„Das rechte Maß": wie regelmäßig habe ich das mit Patienten angesprochen, wenn es um Ernährung ging, um Bewegung, um Genussmittel wie Kaffee oder Alkohol, auch den Tabak. Hier kann es keine Gebote oder Verbote geben, auch keine Norm, sondern nur eine Erkenntnis in Freiheit, was einem zuträglich ist, gemessen an dem, was man im Leben erreichen, verwirklichen will. In der Meditation wird das Maß des Fiebers angesprochen, sicher eher überraschend. Und doch ist erlebbar, wie es nicht die am Thermometer abgelesene Temperatur ist, die mich das Maß des Fiebers beurteilen lässt. Es ist sein Wirken in der konkreten Situation, die mich entscheiden lässt, wie angemessen (!) das Fieber ist oder auch

nicht, um am Überwinden zum Beispiel einer Infektion helfend mitzuwirken, oder wann es selber zerstörend wirkt. Wie „gesund“ kann ein Kind mit über 40° Celsius sein, wie schwerkrank ein Mensch mit einem Tumorfieber von 38° C.

Auch hier stoßen wir auf eine furchtbare Konsequenz der Täuschung der Widersacher, Maß sei das Gemessene. Nur so konnte letztlich gedankenlos Fieber zum Feind werden und das Fieberzäpfchen im Kindesalter ein selbstverständlicher Begleiter. Wie anders hat das Paracelsus noch erlebt und viele Ärzte nach ihm bis ins 20. Jahrhundert hinein: „Gebt mir ein Mittel, das Fieber macht, und ich heile euch alle Krankheiten“. Doch es gibt kein solches Mittel, denn Fieber ist immer Ausdruck einer gesteigerten Ich-Tätigkeit im Leibe, ist Ausdruck von Ich-Willen. Es zu hindern, heißt Ich und Willen zu lähmen.

Es hat heute zum Glück ein Umdenken begonnen, und viele Untersuchungen weisen darauf hin, was alles an bevorzugt chronischen Erkrankungen begünstigt wird, wenn man das Fieber eliminiert. In den Vorgeschichten vieler Krebskranker findet sich beispielsweise die Angabe, jahre-, ja jahrzehntelang kein Fieber mehr gehabt zu haben (was oft sogar mit Stolz in der Stimme gesagt wird). Steiner nannte die weißbeerige Mistel ein zukünftiges Krebsheilmittel. Sie könne allerdings nur wirken, wenn mit ihr Fieber erzeugt würde.[114] Was in Konsequenz mit dem Gesagten heißt, die Mistel ins Zwiegespräch mit dem Ich zu bringen, dieses aufzurufen, seine Immunität gegen das Fremde im Körper einzusetzen. Ich möchte noch aufmerksam machen auf die Worte *maßvoll* und *maßlos*, die auch zu dem Thema des *rechten Maßes* gehören. Doch soll das hier Dargestellte nur Anregung sein, nicht vollständige Ausarbeitung, um die Gesetzmäßigkeit des Maßes neu zu entdecken und praktisch anzuwenden.

„Das Geheimnis der Zahl“: in jeder Zahl verbirgt sich ein Weltengeheimnis, deren tiefstes und rätselvollstes die christliche Trinität ist. „Drei ist Eins“ verweist uns ohne Einschränkung darauf, dass mit Zahl nicht Mathematik gemeint ist. Der Mensch lässt sich nicht mathematisieren, er ist keine Formel. Und doch versucht es die moderne Medizin fortgesetzt, seit die Statistik in sie einzog. Die Aussage „n = x“ soll eine Erkenntnis bringen und ist doch nur Irrweg, Täuschung. Sagt mir die statistische Auswertung einer großen evidenz-basierten Studie, dass mit soundsoviel Prozent Wahrscheinlichkeit ein neues Medikament bei einer bestimmten Krankheit hilft, weiß ich dennoch nicht, bei welchem realen Kranken das zutrifft und bei welchem nicht. Ist z. B. der Plazebo-Erfolg solcher Studie 30 Prozent, dann braucht ein Drittel der Menschen dieses Mittel nicht. Doch welche sind dieses Drittel?

Trotz aller Statistik muss ich immer wieder am Patienten ausprobieren, ob es in diesem Fall hilft oder nicht. Das kann ich aber auch ohne Studie, und so wurde es bis in das zweite Drittel des 20. Jahrhunderts auch selbstverständlich gemacht, ehe die Statistik Einzug in die Medizin hielt. Jede Zahl drückt eine Gesetzmäßigkeit aus, die es zu entschlüsseln gilt.

Die Vier als Ausdruck des Physisch-Stofflichen, wunderbar im kristallinen Würfel von Kochsalz symbolisiert. „Ihr seid das Salz der Erde“ heißt es im Evangelium (Matth. 5,13). Die Sieben als Zahl des Lebens, des Lebendigen. Sieben Lebensstufen bilden z. B. den Lebensleib des Menschen, Sieben ist die Zahl der Leuchter am Altar. Auch im Märchen taucht die Sieben oft auf, immer als Ausdruck des Lebens. Die Zwölf als die Zahl des Kosmos, des Tierkreises, der Monate im Jahr, der zwölf Jünger oder Artusritter, mit dem ihr innewohnenden Geheimnis der Dreizehn, des Dreizehnten (Christus, Artus). Ist es nicht wieder bemerkenswert, wie aus einer heiligen 13 eine Unglückszahl wurde, noch dazu in Verbindung mit einem Freitag (Karfreitag)? Überall Täuschung, die wir durchbrechen müssen. Auch die Neun als Ausdruck der Hierarchien, ein achtgliedriger Pfad Buddhas oder die acht Seligpreisungen der Bergpredigt, die sieben Ich-Bin-Worte im Johannes-Evangelium, schließlich die Unteilbarkeit von Primzahlen! Ernst Bindel hat diese Geheimniswelt der Zahlen lesenswert zusammengefügt, und der Hinweis auf sein Buch mag das hier Angedeutete fortführen.[115]

In der Meditation verbindet Steiner die Zahl mit unserem Puls. Und so stoßen wir auf den *Rhythmus*, in dessen Weltengesetzlichkeit sich alle Zahlen wiederfinden. Rhythmus ist nicht Takt, jeder Atemrhythmus ist in sich gestaltet, wir nennen es respiratorische Arrhythmie. Welch' dramaturgischer Unterschied zum Takt einer mechanischen Beatmung auf der Intensivstation. Man entdeckte ja auch, wie problematisch der festgelegte Taktgeber der ursprünglichen Herzschrittmacher bei schweren Arrhythmien war und welchen Fortschritt der frequenzgesteuerte brachte. Heute gilt die Herzschlagvariabilität als wichtiger Ausdruck für Gesundheit oder Krankheit. Und wir treffen auf einen wichtigen ergänzenden Aspekt der einzelnen Zahl: ihre Relation zu anderen Zahlen. Der systolische und diastolische Blutdruck sei als ein Beispiel genannt, auch der Puls-Atem-Quotient. Oder die Relation der Lebertransaminasen GOT und GPT, die viel über den Zustand der Leber aussagen kann, wenn man gelernt hat, sie zu lesen. Wieder ist es nur ein Aufmerksam-Machen, welche Bedeutung in der Ordnung des Lebens und auch in der Weltenordnung die Zahl hat, wie wir lernen müssen, ihre Gesetzmäßigkeiten zu verstehen und sie ein Instrument unseres Handelns werden zu lassen. Ist z. B. das Verordnen einer Arznei „3x täglich" immer richtig?

„Das genügende Gewicht“: Dieses dritte Element ist vielleicht am schwierigsten zu übersetzen, wenn wir auf seine kosmisch-spirituelle Dimension blicken wollen. Denn Gewicht führt uns doch zur Schwere, zum Stoff, ja auch zur Materie. Man denke an das Körpergewicht, das nun wirklich auf einer Waage gemessen werden kann, an die extreme Zunahme des Übergewichts in der wohlhabenden, kapitalistisch geprägten Welt, aber auch Untergewichte in Gebieten wo Hunger herrscht oder im Zusammenhang mit Essstörungen. In der Tat ist Gewicht mit Stoff verbunden, jedes chemische Element hat sein spezifisches Atomgewicht. Und doch steckt mehr in diesem Wort als Ausdruck der Weltenordnung. Etwas ist wichtig oder unwichtig, es muss etwas gewichtet werden, „gib einer Sache nicht zu viel Gewicht“ – solche Ausdrücke führen uns weiter.

Gewicht ist, worauf etwas gründet, beschreibt Dauer, Bleibestruktur. Leben hat ja etwas strömend Fließendes, ist in Gefahr, zu zerfließen, sich zu verströmen. Wir finden ein wunderbares Bild in der Regulierung der Blutgerinnung. Das Blut darf nicht zu fest (Thrombose), nicht zu flüssig (Haemolyse, Blutungsneigung, „das blutflüssige Weib“) sein, sondern muss immer im *Gleichgewicht* bleiben. Und mit diesem Wort berühren wir den Kern: Gewicht immer als Ausgleich eines Zuviel oder Zuwenig. Das Bild der Waage tritt auf, der Ruhepunkt (das Hypomochlion, wie Steiner es nennt) des Zeigers, die beiden Schalen in Bewegung und zur Ruhe kommend.

Und ein Weiteres wird bewusst: Gleichgewicht heißt nicht gleiches Gewicht. An jedem Ort im Organismus sind die Kräfte in ganz unterschiedlichen Gleichgewichten, hier dominiert das Sinnes-Nerven-System, die Empfindungsseele, dort das Stoffwechsel-Gliedmaßen(Bewegungs)-System oder der Empfindungsleib. Für einen bestimmten Ort im Organismus sind solche scheinbaren Ungleichgewichte richtig oder gesund, an einem anderen Ort wären sie Ausdruck von Krankheit. Das gilt auch für Gleichgewichte in der Zeit oder mit Blick auf die Intensität einer organischen Funktion, z.B. der Schilddrüse. Gewicht heißt auch Stabilität, Zuverlässigkeit, aber nie Automatismus. Immer wird der Ausgleich, das Gleichgewicht gesucht, immer tendiert es zur Labilität und wird immer zur Stabilität gerichtet. So verstehen wir auch Gewicht als ein Element des Lebens und seiner Ordnung. Wir können auch an Petrus als Fels denken, auf dem Christus seine Kirche erbauen will. Und mit aller Behutsamkeit möchte ich auf eine den drei Elementen innewohnende Ursprünglichkeit hinweisen. Wir können sie im Zusammenhang mit der Trinität verstehen oder als Ausdruck derselben im Leben: Maß als Kraft des Heiligen Geistes, die Zahl, der Rhythmus als Kraft des Sohnes und das Gewicht als die Kraft des Vaters, der auch als Urgrund alles Seins bezeichnet wird, auf dem die ganze Schöpfung ruht und ihr so in Wahrheit ihr ganzes Gewicht verleiht.

Herzdenken und Heilwille

Der Leser kann sich fragen, wo nun der Zusammenhang mit dem Lukas-Evangelium ist? In dem zugrundegelegten Vortrag Steiners taucht ein Satz auf, der hier vielleicht eine Verständnisbrücke bildet: „Der Heilwille kann nicht durch ein inneres Gebot erreicht werden, sondern kann nur erreicht werden durch ein hingebungsvolles Verhalten der Seele in der Welt".[116]

Es ist der moralische Aspekt, der handelnde Mensch, der nach dem Studium der sinnfälligen Natur und des Menschen und ihrer esoterischen Vertiefung als ein dritter Schritt auf dem Wege zum Ausbilden des Heilwillens angesprochen wurde. Wir sollen uns Einüben in ein Verständnis der Welt als Schöpfung, deren Mittelpunkt der Mensch ist oder werden soll. Der ständig übende, ich kann auch sagen: meditative Umgang mit der Sprache und den Bildern des Lukas-Evangeliums kann uns fähig machen, Menschenverständnis und Menschenliebe als Grundvoraussetzung für das Heilen auszubilden. Das ist kein Weg des Intellekts, sondern unseres Herzens.

Nicht zufällig erzählt das Lukas-Evangelium vom barmherzigen Samariter, eine Antwort Christi auf die Frage, wer unser Nächster sei. Steiner verweist mit Blick auf das Lukas-Evangelium auf das Herzdenken, das Voraussetzung ist für den neuen Glauben, der mehr ist als alles Wissen. Er erwähnt den Pfad zur Erleuchtung von Buddha, der auf das Mitleid gründet, verweist auf die zwölfblättrige Lotusblume als Herz-Chakra. Das Lukas-Evangelium ist ein Weg auch zum Herzdenken, was das Denken mit dem Kopf nicht ersetzt, sondern ergänzt.

Nächstenliebe ist das, was Wahrnehmung für die Sinne ist. Sie will immer eine *tätige* Nächstenliebe sein, helfen und heilen. Auch im Organismus ist eine Tätigkeit des Herzens die Wahrnehmung von allem, was im Organismus geschieht, vor allem jedoch, wo Not oder Bedürfnis ist, wo geholfen werden muss, wo vermittelt oder ausgeglichen werden muss. Das Lukas-Evangelium wartet aus der Zukunft darauf, seine Botschaft in unseren Herzen zum Verständnis zu bringen und uns anzustiften, heilend tätig zu werden.

10. Medizin als Schule zur Selbstlosigkeit

Zwei Zitate aus dem Vortrag vom 7. 1. 1924 des Kurses für junge Ärzte und Medizinstudenten (GA 316) sollen einem Thema der christlichen Medizin vorangestellt werden, das mit Blick auf die Tatsächlichkeiten der heutigen Medizin nur als absurd oder zu mindestens weltfremd angesehen werden könnte: der Selbstlosigkeit. Hier sagt Steiner: „Medizin ist im höchsten Grade, wenn sie in ihrer eigentlichen Eigenart erfasst wird, das wunderbarste Mittel der Erziehung zur Selbstlosigkeit". Und eine Seite weiter: „Selbstlosigkeit ist das Grundelement der Medizin".[117]

Selbstlosigkeit ist eine hohe christliche Tugend. Sie bedeutet nicht, ohne Selbst zu sein, sondern sein hoch entwickeltes Selbst ganz anderem, Mensch oder Natur, zur Verfügung zu stellen, für das andere da zu sein. Auch hierfür können wir uns Christus zum Vorbild nehmen.

Von Selbstlosigkeit kann nun im heutigen Treiben der Medizin überhaupt keine Rede sein. Und das gilt für alle Medizinsysteme, auch die sogenannten komplementären. Dass an der Krankheit eines Menschen viel Geld verdient werden kann wird als Teil der freien Marktwirtschaft für völlig normal und berechtigt gehalten. Man kommt wohl kaum auf den Gedanken, solches Tun als unethisch anzusehen. Der barmherzige Samariter aber würde das tun! Er hat ja nur Nachteile gehabt, seine Kleidung beschmutzt, viel Zeit verloren, Geld ausgegeben, Verantwortung übernommen. Hat er das alles von dem unter die Räuber Gefallenen zurückverlangt? Könnten wir ihn fragen, was er denn für seinen Lohn halte, würde er wohl antworten: „Den Dank dieses Menschen und vielleicht auch Gottes, dass ich Dienst an einem seiner Geschöpfe geleistet habe".

Die zunehmende Kommerzialisierung des Gesundheitswesens, ein wichtiges Segment der Volkswirtschaft, wird von Einzelnen durchaus kritisch gesehen. So z. B. durch den schon erwähnten Professor für Medizinethik an der Universität Freiburg, Giovanni Maio.[118] Er zeigt mehr als deutlich auf, in welcher Weise sich heute zahllose Menschen und Institutionen am kranken Menschen bereichern. Und lässt aus seiner Sicht keinen Zweifel daran, dass dieses ethisch nicht zu rechtfertigen ist. Und ich möchte ergänzen: Auch aus christlicher Sicht oder durch die Augen und das Herz Christi gesehen, ist solches Handeln zutiefst unethisch. Dass das heute nicht so gesehen wird, liegt daran, dass es für die Medizin keine gemeinsam verbindliche Ethik gibt. Gäbe es sie, bräuchte es keine gesonderten Ethikkommissionen.

Es soll hier nicht wie bei Maio detailliert dargestellt werden, wie krank unser Gesundheitssystem ist, das doch als eines der besten der Welt gilt. Es soll auch nur ganz allgemein darauf hingewiesen werden, wie korrupt es ist. Träfe diese hart erscheinende Aussage nicht zu, hätte dann der Bundestag und Bundesrat der Bundesrepublik Deutschland extra ein aktuelles Antikorruptionsgesetz für Ärzte beschließen müssen? Es reicht auch, nur darauf hinzuweisen, in welch großem Maße in diesem System der Betrug alltäglich ist, in großem Stile – da dringt es dann auch an die Öffentlichkeit –, aber viel regelmäßiger im Kleinen durch z. B. Abrechnung von Leistungen, die nie erbracht wurden. Darauf angesprochen, lautet die Antwort der Betroffenen meistens: „Ich komme sonst nicht auf meine Kosten".

Diese wenigen Einblicke in den Ist-Zustand sollen nur demonstrieren, dass heute von Selbstlosigkeit als Grundelement der Medizin nicht gesprochen werden kann, ja dass es als absurd empfunden werden muss, davon zu sprechen. Und doch war es einmal anders und könnte auch anders werden, wenn in die Medizin die ethisch-moralische Vorbildfunktion Christi Einzug hielte. Haben er oder seine Jünger denn je für die zahlreichen und oft so schicksalhaft tiefgreifenden Heilungen Bezahlung oder anderen Ausgleich gefordert? Christus hat seine Jünger und die Menschen, die ihm folgten und zuhörten, doch wiederholt aufmerksam gemacht, alles Hab und Gut zurückzulassen, ohne Geld in den Taschen in die Welt zu ziehen und darauf angewiesen zu sein, von den Menschen zu bekommen, was sie ihnen geben konnten: Wohnung, Essen und Trinken, neue Kleidung und Schuhe oder was sich sonst noch denken lässt (z. B. Matth. 10,7–10).

Bedürfnislosigkeit als Vorstufe von Selbstlosigkeit lehrte Christus als Voraussetzung für Helfen und Heilen. Es war eine uralte Tradition der Heiler, für das Heilen kein Geld und keine Naturalien zu fordern. Ja, es war für sie klar, dass sich anderenfalls die Heilkraft von ihnen zurückgezogen hätte. Darf deshalb heute vom Heilen in der Medizin nicht mehr gesprochen werden? Und wenn einer es dennoch tut, ist er der Scharlatanerie verdächtig (wie ich es einmal in einem Editorial des Deutschen Ärzteblatts las)? Der Arzt, die Heilberufe lebten von dem, was ihnen gegeben wurde. Und sie lebten nicht schlecht davon. So konnte mein Großvater mütterlicherseits, Dr. Ernst Mommsen, in Berlin-Charlottenburg als Hausarzt vieler Menschen mit seiner Familie ein großbürgerliches Leben mit großem Haus führen, obwohl er nie in seinem Leben einem seiner Patienten eine Rechnung schrieb. Er erlebte in dem aufkommenden Kassenarztsystem eine tiefgreifende Schädigung des Arztberufes und geriet auf dem Boden seines melancholischen Temperaments in eine schwere Depression, die ihn länger berufsunfähig machte.

Es ist mir auch klar, dass heute kein Arzt oder ein anderer Heilberuf lange überleben würde, wollte er nur davon existieren, was ihm die Patienten freiwillig geben. Es ist aber eine soziale Forderung unserer Zeit, hierfür neue Versorgungsformen zu entwickeln, die das Heilen unabhängig macht von direkter Bezahlung.

Was meint denn Selbstlosigkeit? Ist sie das Gleiche wie Barmherzigkeit? Heißt sie mich selber ganz hintanzustellen, nur den anderen zu sehen, sein Helfer oder gar Diener zu sein? Ist der Heilberuf ein Dienstleistungsgewerbe wie der Fensterputzer oder Verwaltungsbeamte? Meine Antwort geht von der christlichen Nächstenliebe aus, einem Bild der Evangelien, das alle Antworten enthält. Ein Gesetzeslehrer, der Christus auf die Probe stellen will, fragt ihn, was er tun müsse, um Anteil am ewigen Leben zu haben. Christus stellt ihm die Gegenfrage, was denn im Gesetz geschrieben stünde. Und die Antwort des Gesetzeslehrer lautet: „Lieben sollst du den Herren, deinen Gott, aus deinem ganzen Herzen und mit deiner ganzen Seele und mit deiner ganzen Willenskraft und mit all deinen Gedanken, und deinen Nächsten wie dich selbst" (Luk. 10,25–28). Und Christus sagt ihm: „Du hast recht geantwortet; tue das, so wirst du leben". Und auf die Nachfrage, wer denn sein Nächster sei, antwortet Christus mit dem Gleichnis vom barmherzigen Samariter.

In dieses Fragen und Antworten ist alles hineingewoben, was unsere Frage nach der Selbstlosigkeit als Grundelement der Medizin bedeutet. Es beginnt mit der Liebe zu Gott und endet mit der Liebe zum Menschen, unserem Nächsten. Aus der Liebe zu Gott stellen wir Angehörige der Heilberufe uns in seinen Dienst, werden Mitarbeiter in seinem Weinberg oder Garten, werden Mit-Tätige an der Evolution der Schöpfung Mensch, verbinden uns allen göttlichen Kräften einschließlich der Hierarchien, heilender Geister oder dem kurz beschriebenen Erzengel Raphael. Wir sind Diener im Reiche des heilenden Gottes, von ihm empfangen wir unseren Lohn, nicht von den Menschen. Und wie der Lohn ausfällt, entspricht nicht menschlichem Denken, sondern Gottes (Matth. 20,1–16).

Die Liebe zum Geschöpf Mensch verbindet uns mit der Gotteswelt, unmittelbar mit dem Sohn, Christus, durch ihn auch mit dem Vater und dem Heiligen Geist. Ausschlaggebend für mein Verständnis ist aber, dass ich den „Nächsten lieben soll wie mich selbst". Diese Liebe zum anderen muss aber begleitet sein von kritischer Selbsterkenntnis, für die bewusst gehalten werden muss der Gedanke Christian Morgensterns, nicht den in ihm zu lieben, der er ist, sondern den, der er werden möchte. Wenn ich so mit mir in Übereinstimmung lebe, habe ich auch tiefes Verständnis für den anderen: Altruismus. Das ist ein anderes Wort für Nächstenliebe, und das ist beherrschender Anteil im Wesen aller Heilberufe. Lieben heißt nicht, alles richtig zu finden, Lieben schließt kritisches Erkennen ein. Denn wie könnte ich einen chronisch Kranken auf seinem Weg zum Heilsein helfen, wenn ich nicht auch seine Unvollkommenheit, seine Schwäche oder Versagen sähe, die es auszugleichen oder zu überwinden gilt, um heil zu werden?

Es war für mich eine wichtige Forderung an mich und auch an meine Mitarbeiter, von einem Patienten nie etwas zu verlangen, was ich nicht selber zu leisten imstande bin. Mein

Lehrbeispiel war während der Medizinalassistentenzeit ein internistischer Chefarzt, der Patienten, die beim Rauchen ertappt wurden, grob maßregelte, obwohl er selber Kettenraucher war, wie seine orangegelben Finger und der seiner Kleidung stets anhaftende Rauch deutlich zeigten. Selbstlosigkeit hat viele Facetten, heißt jedoch nie, ohne eigenes Selbst zu sein. Hierher gehören vielleicht die schwer verständlichen Christusworte: „Und jeder, der verlassen hat Häuser oder Brüder oder Schwestern oder Vater oder Mutter oder Kinder oder Äcker um meinen Namens willen, wird das Hundertfache empfangen und ewiges Leben erben" (Matth. 19,29).

Selbstlos bedeutet für mich, mein Selbst ohne Einschränkung für ein anderes, einen anderen einzusetzen, so lange das gebraucht wird, dann aber auch wieder loszulassen. Selbstlos heißt, mit ganzem Herzen lieben, aus der Kraft des Mitleids als Ausdruck des Gemüts, der Empathie. Selbstlos heißt nicht, sich ausnutzen zu lassen, sich ganz an den anderen zu verlieren. So paradox es klingen mag: Ich muss ganz bei mir selbst sein, wenn ich Selbstlosigkeit praktizieren will.

Das Herz ist im Gesamtorganismus das selbstloseste Organ von allen, das eigentlich nie etwas für sich will, sondern alles für die anderen Organe; und dennoch ist es ein starkes Organ mit einer großen Kraft und unermüdlich tätig. Selbstlos ist auch der Wille, wenn er sich in den Gottesdienst stellt. Die zentrale Bitte im Vaterunser, dem christlichsten aller Gebete, lautet „Dein Wille geschehe". Wie oft war diese Bitte Mittelpunkt der Gespräche mit Patienten, so auf ihre Krankheit zu schauen und daraus gemeinsam die Kraft zu gewinnen, sie zu ihrem Ziel zu führen: „Denn die Krankheit erfährt erst ihren Sinn, wenn sie geheilt wird".[94]

So verstandene Selbstlosigkeit durchdringt die von Steiner genannten Grundelemente des Heilwillens: Menschenverständnis und Menschenliebe. Menschenverständnis heißt, den anderen zu verstehen, wie er ist, nicht wie ich meine, dass er sein sollte, oft auch nicht, wie er selbst meint, sein zu müssen. Deshalb habe ich auch nie das Ziel des Werdens für den anderen formuliert, sondern mich immer nur zur Verfügung im Gespräch gehalten, auf seinem Weg dieses Ziel mit ihm zu entdecken. Menschenliebe heißt, die Unvollkommenheit der Schöpfung anzunehmen, ihr und sich Zeit zu geben, besser, vollkommener zu werden; in jedem Menschen die Idee Gottes von ihm zu suchen und zu akzeptieren, dass so alle gleich wert sind (Carus). „Was ihr einem meiner geringsten Brüder antut, das habt ihr mir getan" (Matth. 25,40).

Schenken und Danken

In allem bisher Dargestellten kann eine Fähigkeit entdeckt werden, die eng mit der Selbstlosigkeit zusammenhängt, die der Medizin fast vollständig fehlt und die doch wieder in sie einziehen müsste: die Fähigkeit des *Schenkens*. Und mit dieser hängt eine zweite unverbrüchlich zusammen: das *Danken*. Es scheint mir wichtig, das Schenken in enger Verbundenheit mit der Nächstenliebe zu sehen. So wie ich den Nächsten nur lieben kann, wenn ich gelernt habe, auch mich zu lieben, so kann ich im richtigen Sinne nur schenken, wenn ich mich auch beschenken lassen kann. Das schildert Conrad Ferdinand Meyer im Bilde des Römischen Brunnens, wo die verschiedenen Schalen das Wasser aufnehmen und es weitergeben: „Und jede nimmt und gibt zugleich" heißt es in seinem Gedicht, das ist das von mir gemeinte richtige Schenken. Ich habe viele Menschen erlebt, die viel verschenkten, aber nicht in der Lage waren, mit ebensolcher Freude ihrerseits Geschenke anzunehmen. Und auch diese, die nie genug bekommen konnten, doch nur selten oder gar nicht selbst schenkten. Es ist das Wesen des Geschenks, keine unmittelbare Gegengabe zu erwarten, es ist aber auch in ihm verborgen, dass etwas zurückkommt. Und das muss keineswegs immer von dem Beschenkten selber stammen.

Eine christlich geprägte Medizin muss in sich das Schenken tragen. Wer meinen Gedanken über Wesen und Wirksamkeit einer Arznei folgen konnte, wird mir vielleicht auch folgen, wenn ich sage: Eine wahre Arznei will nicht verkauft, sie möchte verschenkt werden. Ich habe das am intensivsten von der Mistel erlebt. Ich bin sicher, dass wir viel von ihrer Heilkraft verlieren, wenn die aus ihr hergestellten Arzneimittel so teuer verkauft werden, dass viele Menschen sie gar nicht bekommen, weil sie sie nicht bezahlen können. Und das gilt doch auch für viele moderne Arzneimittel, besonders sogenannte innovative. Die kann sich nur eine reiche Gesellschaft leisten, und in ihr oft auch nur die wirklich reiche Schicht. Da wo Armut herrscht, z. B. in vielen Ländern Afrikas, kommen diese Mittel gar nicht erst zur Anwendung, zumindest nicht in der breiten Bevölkerung. Ist das christlich?

Natürlich müssen Wege gefunden werden, dass die Hersteller von Arzneimitteln selber existieren können, dass sie immer neu nach Aufforderung produzieren und auch forschen können. Im Wirtschaftsleben soll Brüderlichkeit herrschen, sagt Steiner in seiner Soziallehre, die er an die Ideale der Französischen Revolution anknüpfte. Hier sind wir wieder bei dem Nächsten, der doch in jedem anderen Menschen lebt. Früher beruhte das Wirtschaftsleben auf Geben und Nehmen, Tauschen nannte man das auch. Der Schuster bekam sein Brot vom Bäcker, dieser seine Schuhe vom Schuster. In der industriellen, arbeitsteiligen Welt ist das nicht mehr möglich, so wurde als Tauschmittel das Geld eingeschaltet, das nie einen Wert für sich haben sollte, sondern nur Vermittler von Waren auf dem Wege des Tauschens sein sollte. Es wurde nach den Bedürfnissen produziert, immer mit dem Hintergrund des Nehmens und Gebens. Dahin können wir nicht zurückkehren, das ist klar, und doch müssen wir Ideen entwickeln, wie ein Wirtschaftsleben wieder sozial gesundet. Und mir scheint die Medizin dafür ein besonders geeignetes Lebensfeld. Steiner hat formuliert, ein Produzent müsse soviel für sein Produkt bekommen, dass er weitere herstellen und selber auch davon leben könne, eben um Neues produzieren zu können. Das ist doch letztlich ein wunderbarer Kreislauf, wie wir ihn vielfältig in unserem Organismus antreffen, auch in der Natur. Konsequent sprach Steiner deshalb auch vom sozialen Organismus. Ist es heute nicht leicht nachvollziehbar einzusehen, dass ich in allem zu einem großen Anteil von der Tüchtigkeit anderer Menschen lebe? Ist ein absoluter Selbstversorger heute überhaupt noch denkbar? Und wie ist es mit der Luft, die ich atme, dem Wasser, das ich trinke, der Natur, die mich nährt?

Wieder muss ich an dieser Stelle einhalten, um den Rahmen des Themas „Wege zu einer christlichen Medizin" nicht zu sprengen. Doch soll deutlich ausgesprochen werden, dass eine menschengerechte Medizin nicht so bleiben kann, wie sie heute ist, wenn in ihr das Heilen wieder leben soll. Man mag meine Gedanken zu der Frage der Selbstlosigkeit und den Konsequenzen daraus utopisch nennen. Dazu sage ich Ja. Doch es gibt reale Utopien, ich könnte sie auch Visionen nennen, die sich verwirklichen lassen. Das Utopische an ihnen ist nur, dass ich nicht weiß, wann oder ob sie überhaupt Wirklichkeit werden.[119] Ich brauche zur Verwirklichung allerdings ein Handwerkszeug, das ich einmal mehr bei Rudolf Steiner gefunden habe. Ich brauche *moralische Phantasie*, das Notwendige zu denken, *moralische Technik*, es umzusetzen und *moralische Intuition*, um im Sinne der göttlichen Schöpferwelt zu handeln.[120] Moralisch bezieht sich auf den handelnden Menschen, ich könnte auch sagen auf den sittlichen.

Wir haben in meiner Zeit als Arzt aus einer Gemeinschaft von Menschen einen Versuch gewagt, eine Heilstätte aufzubauen, in der jeder Heiltätige frei von einer Rechnungsstellung sein sollte. Es wurde errechnet, was notwendig war, um die Behandlung zu ermöglichen mit Blick auf Lebensgrundlage der Heilberufe, Raummiete, Arzneien und Hilfsmittel, und dann haben wir dem eine bestimmte Zahl von Patienten am Tag gegenübergestellt. So errechnete sich pro Behandlungsstunde ein Betrag von 55 Euro, um Einnahmen und Ausgaben im Ausgleich zu halten. Dieser Versuch misslang, weil zu wenig Menschen bereit waren, diesen Beitrag zu zahlen. Das Hauptargument war, man sei doch krankenversichert und zahle hohe Beiträge an seine Kasse, da könne man nicht noch zusätzlich Geld aufwenden. Dass solches für Sport, Wellness, Restaurantbesuche und anderes mehr durchaus zur Verfügung stand, wurde nicht in Erwägung gezogen. Auch nicht, dass es neue Modelle einer sozialen Gestaltung zu entwickeln galt. Das Beispiel soll nur zeigen, welcher Zwang existiert, Menschen nicht mehr frei denken und entscheiden zu lassen.

Es herrscht heute kein freies Verhältnis zwischen Heilberuf und Patient, sondern ein durch Pflichtversicherung und Regulierungen vorgegebenes System, das über alle verfügt. Unseren Versuch erlebten wir nicht als gescheitert, er war es wert, getan zu werden, nur waren die Zeit oder auch die Menschen noch nicht reif dafür. Doch bin ich sicher, dass im kleinen, Überschaubaren angefangen werden muss, aus konkreten menschlichen Zusammenhängen, die sich kennen und ihre Bedürfnisse einschätzen können. Steiner sprach von Assoziationen. Dafür gibt es heute einige Beispiele, die auch funktionieren. Doch vor allem muss die Einsicht entstehen, was heute falsch ist in der Medizin, und wie oder worin sie sich verändern müsste. Eine entscheidende Wurzel ist die Entdeckung der Selbstlosigkeit als einer großen Kraft, Dinge zu verändern.

Eine andere Wurzel ist die Entdeckung des Schenkens als brüderliches Element im Wirtschaftsleben. Und eine dritte die des Dankens, denn der Dank ist sozial verbindend, nicht nur unter Menschen, auch zwischen Mensch und Natur, ja auch zwischen den Menschen und Gott. Neben allen Fürbitten ist ein Aspekt des Betens auch immer der Dank, und gibt es nicht vieles, wofür zu danken ist: dass wir gut schlafen dürfen, einen gesunden Organismus haben, satt werden, Freunde haben? Wieder kommt mir Christian Morgenstern mit seinem Gedicht in den Sinn, das er „Die Fußwaschung" nannte. Er nimmt diese innige Szene aus dem Johannes-Evangelium (13,2–20) auf, um die Mission des Dankens zu beschreiben. Die Fußwaschung der Jünger durch Christus ist ein Urbild, wie alles in der Schöpfung einander bedingt, wie eins nicht ohne das andere sein könnte, wie sich das Höhere auf Kosten eines Niederen entwickelt und zugleich auch verschuldet, sodass es im Laufe der Evolution die Hilfe erwidert und dankt, was auch Erlösung bedeuten kann.

Die Fußwaschung
Ich danke dir, du stummer Stein,
Und neige mich zu dir hernieder:
Ich schulde dir mein Pflanzensein.
Ich danke euch, ihr Grund und Flor,

Und bücke mich zu euch hernieder:
Ihr halft zum Tiere mir empor.
Ich danke euch, Stein, Kraut und Tier,
Und beuge mich zu euch hernieder:
Ihr halft mir alle drei zu Mir.
Wir danken dir, du Menschenkind,
Und lassen fromm uns vor dir nieder:
Weil dadurch, dass du bist, wir sind.
Es dankt aus aller Gottheit Ein-
Und aller Gottheit Vielfalt wieder:
In Dank verschlingt sich alles Sein.

Christian Morgenstern

11.
Christi Wirken in unserem Leib

Die nachfolgenden Gedanken mögen mit großer Behutsamkeit mit- und nachgedacht werden. Sie leben auch in mir in der ganzen Scheu, die allem Heiligen entgegengebracht werden sollte. Und doch möchte ich nicht auf ihr Aussprechen verzichten, weil es um das zentrale Thema und das zukünftige Arbeitsfeld der Medizin geht: das Verständnis der Wirklichkeit des Menschenleibs.

Auf der einen Seite steht das Bild des Leibs als Tempel; auf der anderen Seite die Achtlosigkeit oder auch Respektlosigkeit der modernen Medizin im praktischen Umgang mit und im Denken über den Leib. Was wird ihm alles abverlangt, was alles zugemutet, wie oft wird er als verbesserungswürdig bezeichnet oder werden Teile von ihm ausgetauscht, nicht nur im Rahmen der Medizin. Der Blick auf dieses Wunderwerk der Schöpfung ist in unserer Kultur leider vollkommen verlorengegangen. Dabei ist es gerade dieser Leib, der die Einzigartigkeit der Schöpfung Mensch ausmacht. Ein Ich oder einen Geist und eine Seele haben viele Wesen in Gottes Reich, aber keines hat einen Leib wie der Mensch. Und dieser schafft eine Voraussetzung, die für unsere ganze Entwicklung als Ich-Mensch von größter Bedeutung ist. Wir zitierten dazu bereits Rudolf Steiner mit dem Wort „Der Leib hat einen dem Denken entsprechenden Bau“.[121] Denkend stellt sich der Mensch in die Welt, denkend erfasst er sich selbst, im Denken des Menschen begründet sich seine Freiheit.[122] Mit welcher

Begeisterung haben wir als Schüler, besonders gerne in Anwesenheit des Lehrers, das Freiheitslied gesungen „Die Gedanken sind frei“ !

Es kann gar nicht verwundern, dass die Gegenkräfte einer gesunden menschlichen Entwicklung als einzelner Mensch oder auch als Menschheit es in ihrem Wirken besonders auf den Leib abgesehen haben. Es kann auch nicht verwundern, dass deshalb auch die Medizin als Lebensfeld der „Leibsorge“ durchdrungen ist von Inspirationen dieser Gegenmächte, den Leib so zu manipulieren, dass er kein Instrument des freien, denkenden Ich-Menschen sein kann.

Steiner hat als einen zentralen Aspekt der Menschwerdung Christi die Rettung des Leibes genannt. Seit dem Sündenfall, der äußeren Trennung („Sonderung“) des Menschen vom Reiche Gottes und seiner Vertreibung aus dem Paradies, bei der die Gegenmacht im Bilde der Schlange schon mitwirkte, ist der Leib mehr und mehr mit den Erdkräften verbunden worden, verhärtete so stark, dass er immer ungeeigneter zu werden drohte, das Instrument des Ichs auf seinem Wege zur Freiheit sein zu können. Das Verharren der Verstorbenen in der Unterwelt als Empfindung des klassischen Griechentums, der Satz „Lieber ein Bettler in der Oberwelt als ein König in der Unterwelt“, beschreibt diese Entwicklung. Die Entfernung vom Baum des Lebens drohte den Menschen in seiner fortschreitenden Entwicklung zum Stillstand zu bringen. Da greift Christus, der Gottessohn, aus seiner Liebe zum Menschen ein, mit Einverständnis des Willens seines Vaters. Er überwindet im Leib des Menschen Jesus von Nazareth den Tod nach drei Tagen und pflanzt den Keim der Auferstehung in ihn. Das ist der Kern des Christuswirkens, deshalb hat Steiner immer von dem „Mysterium von Golgatha“ gesprochen. Denn die Mysterien von Tod und Auferstehung waren schon seit Urzeiten Teil der Einweihungsriten im Verborgenen der Mysterienstätten. Nun wurden sie vor aller Augen öffentlich, schon im Vorgang der Erweckung des Lazarus, nun aber von weltengeschichtlicher Dimension durch Christus Jesus im Geschehen von Karfreitag bis Ostersonntag. Er hatte davon gesprochen, den Tempel in drei Tagen einzureißen und wiederaufzubauen, und alle, auch seine Jünger, hatten diese Worte auf den Tempel Salomons bezogen. ER aber hatte von seinem Leib gesprochen (Joh. 2,19–21).

Als Essenz dieses Mysteriengeschehens von Golgatha bis zum Ostersonntagmorgen ist jedem menschlichen Leib dieser Zukunftskeim Christi eingepflanzt. Als Same bedarf er immer mehr der bewussten Pflege, damit aus ihm Pflanze, Frucht und neuer Same werden kann. Deshalb erscheint Christus der Maria Magdalena auch als Gärtner und dadurch wird ein neuer Garten Gottes geschaffen, ein neues Paradies oder Garten Eden. Die Widersacher oder Gegenmächte haben den Kampf um den Menschen und besonders um dessen Leib jedoch keineswegs aufgegeben. Im Gegenteil, sie verdoppelten oder verdreifachten ihre Angriffe seit der Zeitenwende, und so stehen wir heute unvermindert mitten in diesem Kampfgeschehen und der Kampf ist noch nicht entschieden. Denn es ist der Preis der Freiheit, dass der Mensch aktiven Anteil an dieser Auseinandersetzung nimmt. Er hat ja die Sonderung bewirkt, als er verbotenerweise vom Baum der Erkenntnis gegessen hat. Hierher gehört das Gleichnis vom Sämann (Luk. 8,4–18). Der Samen ist ausgeworfen worden vom Menschengärtner, doch wohin fällt er: unter die Dornen, auf steinige Wege, auf fruchtbaren Boden?

Das Gleichnis zeigt des Menschen Anteil an seinem Fortgang. Er muss Sorge für einen guten, fruchtbaren Boden tragen. Dieser Boden aber ist unser Leib. Und die Aufgabe, für

Fruchtbarkeit zu sorgen, hat als gesellschaftliches Phänomen oder auch menschheitlich gedacht die Medizin oder das, was wir heute auch Gesundheitssystem nennen.

Noch einmal: der Arzt und die Angehörigen der Heilberufe sind Leibsorger, so wie der Pfarrer oder Priester Seelsorger ist. Rudolf Steiner hat in Vorträgen von 1912 in Hannover eine regelrechte Menschenkunde des Sündenfalls beschrieben.[21] Ganz detailliert beschreibt er, wie in den Leibesgliedern vier Verschiebungen eintreten, die Ausdruck von Einwirkungen der Gegenmächte sind. Sie bedeuten Stauchung, Verfestigung, größere Unbeweglichkeit des Leibes und sind Voraussetzung dessen, was vorher Verhärtung genannt wurde. Vom musikalischen Aspekt des Leibs als Instrument des Ich kann ich auch sagen: Seit dem Sündenfall spielt das Ich auf einem verstimmten Instrument. In Gottes Idee der Leibbildung hat die „Sündenkrankheit" eingegriffen im Sinne einer Sonderung.

Die Sonderung des Menschen von Gott als Voraussetzung des Ausbildens von Freiheit hat den Preis des Krankseins. In jeden von uns wurde dieses Potential gelegt, was heute auch genetisch nachweisbar ist. Doch ob es Krankheit wird, ist in die Freiheit des Menschen gelegt. Er trägt in sich einen Kern unveränderbarer Gesundheit, sein eigentliches Wesen, das Ich. Und je mehr er aus seinem Ich in jedem Augenblick bewusst zu leben lernt, umso gesünder wird er leiblich sein. Das habe ich immer mit dem Wort „Präsenz" für die Ich-Tätigkeit im Leibe gemeint. Wie bereits dargestellt, taucht in den Worten der Menschenweihehandlung der Christengemeinschaft im Zugang auf die Kommunion von Brot und Wein ein Satz auf, der mich immer begleitet hat, den ich wie für den Arzt gesprochen erlebte: „Krank ist die Behausung, in die DU eintrittst, aber durch DEIN Wort wird meine Seele gesund" (und damit auch der Leib). Darüber kann jeder ein Leben lang sinnen, und es wird viele Erläuterungen geben können. Für mich ist klar: die Behausung ist mein Leib, er braucht zu seiner Gesundung, besser zu seinem Heil die „heilende Arznei, das Sakrament“ von Brot und Wein als Leib und Blut Christi. Die Seele jedoch wir durch das Wort gesund, von dem der Prolog des Johannes-Evangeliums spricht.

Die leiblichen Wirkungsstätten Christi

Wo nun finden wir das Wirken Christi in unserem Leib? Wohin wirkt der Keim der Auferstehungskräfte? Selbst wenn es nur ein ahnungsvolles Wissen ist, ich brauche es, wenn ich dem Heilen dienen will. Denn es sind besonders schützenswerte Orte im Organismus, auch Eintrittspforten für das Heilen. Steiner ließ keinen Zweifel, dass auch die Gegenmächte in Leib und Seele ihre Wirkungsstätten haben.[123] Da ist es doch absolut notwendig, das eine vom anderen unterscheiden zu können, zu wissen, wohin ich die Heilwirkung der Arznei, der pflegenden Behandlung, des künstlerischen Elements lenke und ihre Wirksamkeit richte. Auch hierfür gilt doch das Gleichnis vom Sämann. Der Leib ist vierfach gegliedert und jeder dieser Bereiche ist in sich wiederum gegliedert, jedes Glied hat seine eigene Gesetzmäßigkeit, und aus dieser Vielfalt entsteht der Organismus, ein hochkomplexes Gebilde, das durchwoben ist von Verständigung, Kommunikation. Eine unvorstellbare Informationsfülle durchwandert den Leib, muss gesichtet und geordnet und auch bewertet werden, eine der Hauptaufgaben unseres Mittelpunktorgans Herz zusammen mit dem Blut, aus dem es entstanden ist.

Zusätzlich wird der Leib durchzogen von den schon erwähnten Funktionssystemen, die als Vermittler der Leibesglieder tätig sind: das Sinnes-Nerven-System (SNS) vermittelt zwischen Ich-Leib und Empfindungs-(Seelen-)leib, das Stoffwechsel-Gliedmaßen- oder Bewegungssystem (StBS) zwischen physischem und Lebensleib, und das Rhythmische System (RhS) zwischen Lebens- und Empfindungsleib. Genau an diesem Begegnungsort im Organismus – und der ist überall in ihm, nicht bloß an einer Stelle – wirken die Gegenmächte auf- und miteinander, verhärtend und auflösend, finster und gleißend. Und genau dort, im Rhythmischen System, finden wir die Bündelung der Christuskräfte im Leib. Der Rhythmus ist eine Kraft, welche Christus entstammt, der Rhythmus ist Wirkung des Wortes, das sich jambisch, trochäisch, daktylisch usw. der Welt und dem Menschen mitteilt. Man denke an Homer, an den Stabreim, auch an die dichterischen Versuche Richard Wagners. Man sehe auf die großen Dichtungen durch alle Zeiten, aus neuerer Zeit jene von Goethe oder Novalis.

Steiner schuf zusammen mit der englischen Bildhauerin Edith Maryon eine Holzplastik, die nie ganz fertig ausgeführt wurde, weil beide vorher verstarben. Er nannte sie „den Menschheitsrepräsentanten". Christus als *der* Mensch (Ecce homo!) in der Mitte, mit mächtigen Armbewegungen die Gegenmächte Ahriman und Luzifer bannend, damit sie zu dem werden, was Goethe in seinem „Faust" die Gestalt des Mephistopheles so aussprechen lässt: „Ich bin ein Teil von jener Kraft, die stets das Böse will und doch stets das Gute schafft".

Beide Widersacher haben auch eine fördernde Funktion in der Menschheitsevolution. Deshalb sollen sie auch nicht vertrieben, sondern in den Dienst der Entwicklung gestellt werden, Mit-Schaffende am göttlichen Werk Mensch sein, nicht ihn verhindern oder zerstören. So ist für mich der Rhythmus die unmittelbarste Heilkraft, nicht nur für den Menschen, auch für alle Kreatur, für Erde und Kosmos. Und jeder mag unmittelbar erahnen, welche Krankheitstendenzen in unserer durch und durch von Arrhythmien geprägten Welt existieren.

Den fruchtbaren Boden zur Heilung bereiten heißt also, das Leben rhythmisch zu ordnen. Und auch hier zur Erinnerung: Rhythmus ist nicht Takt. Rhythmus birgt in sich Freiheit, ist nicht Zwang, darf nicht Zwang werden. Deshalb kann auch eine Komposition von jedem Interpreten individuell gestaltet werden, obwohl es für alle die gleichen Noten sind, der vorgegebene 4/4- oder 7/8-Rhythmus. Mit allem, was ich in mir als Rhythmus bilde, verbinde ich mich mit Christus-Kräften. Damit muss ich als Arzt bei mir beginnen, wenn ich ihm und dem Heilen dienen will. Und muss den Patienten liebevoll und nachhaltig anleiten, auch sich selbst Rhythmus zu geben. Hier begegnen wir dem Potential der künstlerischen Therapien, deren eine – spezifisch der Anthroposophie entstammend – als Eurythmie ausspricht, was sie bewirken möchte: schöner, „gesunder Rhythmus". Alles, was wir therapeutisch tun, verliert an Kraft, wenn es nicht einem Rhythmus folgt. Interessant, dass Steiner Gleiches für das Meditieren sagte.

Der physische Leib

Schauen wir nun auf die vier Leibesglieder, dann finden wir in jedem einen Bereich des Christuswirkens. Und immer erleben wir, dass dieser Bereich geschützt ist vor der Einwirkung der Gegenmächte, dass in ihm Gesundheit ist. Beginnen wir der Ordnung halber mit dem *Physischen Leib*, der auch der Körper im eingeschränkten Sinne gegenüber dem umfassenden Begriff Leib ist. Er ist der älteste Anteil des Leibes und in gewisser Weise der vollkommenste. In ihm war das Ausmaß der Verhärtung am ausgeprägtesten. Wo Christus von der Verhärtung der Herzen spricht (Mark. 3,1–6), steht im Urtext „Sclerosis cordis". Gerade das Herz ist jedoch von allen Organen das, das am wenigsten verhärten darf, wollen wir Mensch im Sinne der Schöpfung sein. Ist es da nicht zeichenhaft für unsere Zeit, dass die Herzsklerose, medizinwissenschaftlich Koronare Herzkrankheit genannt, die häufigste Krankheit der von Materialismus, Kapitalismus und Technik geprägten Menschheit ist?

Die Keimkraft Christi hat den Physischen Leib mit einem Kraftleib durchzogen, den Steiner auch Phantom nannte. Er ist unsichtbar, Teil des in uns wirkenden zweiten Menschen, den Steiner als den unsichtbaren in uns in Abgrenzung zum sichtbaren beschrieb.[124] Doch verschafft er sich einen ersten sichtbaren Ausdruck in der Gestalt, die so individuell ist, dass keine Wissenschaft sie fassen kann. In dem Kraftleib wirkt das Gesetz der Auferstehung, das wir auch Erneuerung oder Regeneration nennen. Es findet seine Entsprechung auf der zellulären Ebene in der Apoptose, einem Tod der Zelle, der erfolgt, um einer neuen Zelle Raum zu geben. Auch hierfür gibt es ein ergreifendes Bild in den Evangelien, wenn Johannes der Täufer mit Blick auf Jesus von Nazareth davon spricht, dass dieser der Kommende ist, er ihm nur die Wege bereitet: „Er muss wachsen, ich muss abnehmen" (Joh. 3,30).

Das positive Statthalterprinzip wird hier angesprochen. So ist jede Zelle Statthalterin für die nach ihr kommende, und diese wieder für die nächste. Es zeugt vom Unverständnis der modernen Medizin, wenn sie die Apoptose einen programmierten Zelltod nennt. Sie kann aus mechanistischer Denkweise heraus nur so denken. Sie kennt nicht das Opfern, das aus Freiheit geschieht. Apoptose ist der Tod, dem die Auferstehung folgt; Nekrose der Tod, der ein bleibender ist, der im und am Leibe eine Narbe bildet. Ich kann auch sagen: Nekrose ist der Tod vor Golgatha, Apoptose der Tod danach, der des Karfreitags, dem die Auferstehung folgt.

Auch hier wieder ein kleiner Seitenblick: Charakterisiert sich die Krebskrankheit nicht gerade dadurch, dass sie in ihren Krebszellen die Fähigkeit zur Apoptose ausschaltet? Ein Ausdruck des Kraftleibs im Physischen Leib ist auch die Aufrichtekraft. Der aufrechte Mensch (man beachte den Doppelsinn) ist der, in welchem das Phantom sich Ausdruck verschafft. Hiermit hängt auch die Art des Todes Christi zusammen, ans Kreuz genagelt und mit ihm aufgerichtet. Alle Therapie, die in die Aufrichte führt und alles Regenerative wirkt aus der Christuskraft vom Physischen Leib aus in den Organismus, wirkt heilend.

Der Lebensleib

Den eigentlichen Bereich leiblicher Gesundheit sieht Steiner in dem *Lebensleib*, traditionell auch Ätherleib genannt.[125] Doch auch hier müssen wir differenzieren. Die eigentlichen Lebenskräfte sehe ich in den sieben Lebensstufen, die Steiner beschreibt. Im Lebensleib wirken aber auch vier Ätherarten. Sie schaffen die Verbindung zum Physischen Leib. Und sieben Lebensprozesse oder Lebensvorgänge bilden die Verbindung vom Lebensleib zum Empfindungsleib. In den Lebensstufen finden wir eingebettet die drei Funktionssysteme und eine Gliederung, durch die in den ersten drei eine Bewegung von außen nach innen erfolgt, von der Steiner sagt, dass dadurch das Leben ertötet wird. Ihr entgegen steht ein Bewegungsstrom von innen nach außen, der Lebensstufen fünf bis sieben, durch die das Leben entfacht wird. Und in der Mitte steht für sich die vierte, die Zirkulationsleben heißt. Jeder der sieben Lebensstufen wird eine Tätigkeit zugeordnet und so heißt die mittlere „verbreitendes" Zirkulationsleben (die Physiologie und ausführliche Darstellung der sieben Lebensstufen kann hier nicht erfolgen, ich verweise auf eine eigene Ausarbeitung[126] und die Originaldarstellung bei Steiner.[127]) Hier möchte ich nur hinführen, im „verbreitenden Zirkulationsleben" die Tätigkeit zu entdecken, durch welche die Christuskräfte ihren Lebensstrom in den ganzen Organismus verbreiten. Dass sich das Zirkulationsleben mit dem Blut verbindet, scheint mir selbstverständlich zu sein. Doch gilt das darüber hinaus für alle bewegte Flüssigkeit, den Lymphstrom, den Speichel, die Flüssigkeit der Galle und auch die intrazelluläre. Wir entdecken erneut den umfassenden Begriff „Kreislauf", der alles verbindet, in dem Anfang und Ende zusammenfinden, Alpha und Omega, die sich am Schwanz fassende Schlange. Hier ist reines, ungetrübtes Leben, hier ist Gesundheit, die alles durchdringt („verbreitend"). Alle Therapie, die ihren Ausgang vom Zirkulationsleben nimmt, schließt sich dem Heilen auf. Wird im Zirkulationsleben Störung entdeckt, z.B. ein Stocken oder Verfließen, ist das immer Folge von Einflüssen anderer Lebensstufen, hat nie seine Ursache im Zirkulationsleben selbst. Dieses ist durch und durch gesund dank der in ihm wirkenden Christuskräfte. Es kann gekränkt werden, nicht jedoch krank sein. Was bewirken wir, wenn wir an diesem Ort durch die Gabe von Antikoagulanzien das Gleichgewicht massiv stören, oder auch schon durch Diuretika?

Der Empfindungsleib

Die wohl höchste Schönheit des Leibes finden wir im *Empfindungsleib*. Er wurde aus dem Lebensleib als eine verfeinerte Struktur herausgesondert.[128] Er ist farbiger Lichtträger, ein „Stoff aus dem die Träume sind". In ihm wirkt die Zwölfheit der Sinne in unmittelbarem Bezug zu den zwölf Kraftorten des Tierkreises, den zwölf Stimmungen, den zwölf Weltanschauungen; kurz, er steht in inniger Verbindung mit dem Kosmos, der sich in der Zahl Zwölf äußert. Er trägt nicht nur das Licht als ein Phosphorus, er bildet es aktiv. Steiner nennt es originäre Lichtbildung[129], und die Organregion hierfür ist das Nierensystem. Im Erythropoetin haben wir davon einen physischen Abdruck, der viel mit der Färbung unserer Haut, dem Inkarnat, zu tun hat. Es wird immer gesagt, dass kein Maler der Welt dieses malen könne, wahrscheinlich dank seiner Beweglichkeit und der damit verbundenen Spontanität.

Bewegung ist ein weiteres Element des Empfindungsleibs. Hier ist eigentlich nie Stillstand, immer Aufbruchstimmung. Und Stimmung beschreibt ein weiteres Element, denn der Empfindungsleib ist auch Träger des Musikalischen im Menschen. Die Christuskraft jedoch finden wir im Licht, ER ist ja das Licht der Welt (Joh. 1,10; 8,12). Das Licht hat so viele Facetten: es birgt Leichte in sich, es macht uns fröhlich, Dur-Stimmung, wir wachen mit ihm auf, können Lichtes denken, ja bis zur Erleuchtung kann es uns führen. Das Auge ist am Licht gebildet, sagt Goethe, ohne Licht würden wir nicht sehen können. Und ist uns das Sehen nicht fast der wichtigste Sinn? Der Empfindungsleib ist auch Seelenträger, er nimmt die Empfindungsseele auf, gibt ihr Bewusstsein von der Welt und von sich selbst, ist wie ein Spiegel für sie. Solche Spiegelungsvorgänge im Organismus haben hohe physiologische Bedeutung. Werden sie gehindert, finden wir vielfache Krankheiten, als ein heute prägendes Beispiel die Alzheimer Demenz.[130]

Vom Empfindungsleib aus ins Heilen zu wirken bedeutet das Unterstützen oder auch Entzünden von Licht. Johanniskraut (Hypericum perforatum) ist eine Heilpflanze, die das vermitteln kann; Gold (Aurum) das Metall, Repräsentant der Sonnenkräfte, mineralisiert in der Erde, durch Potenzierung wieder auf den Weg gebracht zu seinem Ursprung. Und einmal mehr stelle ich fest: auch wir Heilberufe sollten Lichtanreger sein, auf vielerlei Art, zu der auch die Positivität gehört, Zuversicht, Ausstrahlung, letztlich Menschenliebe.

Der Ich-Leib (Ich-Organisation)

Bleibt noch der *Ich-Leib*, von Steiner auch Ich-Organisation genannt, weil hier keine in sich geschlossene Struktur mehr existiert, die wir mit dem Wort Leib verbinden. Das Ich lebt und wirkt leiblich nur in der Wärme, durch sie vermittelt es sich den drei anderen Leibesgliedern. Ihre höchste Steigerung erfährt diese Ich-Wärme leiblich im Fieber, welches ich ja auch schon als Ausdruck von Heilkräften ansprach. Deshalb ist alle Therapie, die den Leib wärmt, heilend. Dabei gilt wieder das Gesetz, dass durch die Therapie der Leib seine Wärme selber bildet, sie darf ihm nicht aufgezwungen werden, was mich z. B. jede passive Hyperthermie kritisch hinterfragen lässt.

Es ist oft ein Wort, das wärmt, oder eine Berührung; besonders auch die Pflegetherapien der Auflagen und Wickel, das therapeutische Bad. Und auch die Kunst oder die Arznei können wärmend wirken. Doch ist es die schwierigste Ebene des Heilens, weil hier am meisten Freiheit herrschen sollte. Das Ich als solches ist das Allerheiligste, in das kein Fremdes, kein anderer eindringen darf, wo ich ganz ich selbst bin. Mit der einen Ausnahme, die schon Paulus entdeckte, in dem von Rudolf Steiner unendlich oft zitierten „Nicht ich, der Christus in mir" (Galater 2,20). Ich habe für mich frei übertragen statt „mir" auch „in meinem Ich" erlebt, Ich dann im Sinne von Ich-Leib oder Ich-Organisation. Hier wirkt die Christuskraft als *Wahrheit*, in der wir alle mit IHM leben sollten, wollen wir einen gesunden Leib als Instrument des Ichs haben. Deshalb sollte Wahrheit ein tragendes Element der Medizin sein, unverzichtbar und unersetzbar. Das ist für mich eine der wichtigsten Erkenntnisse einer durchchristeten Medizin.

Viele Anregungen zu meinen Auffassungen und Anschauungen einer christlich durchdrungenen Medizin verdanke ich dem Werk Rudolf Steiners. Er begleitet den ganzen Text dieses Buches, um auch dem Leser die Möglichkeit zu geben, Steiners Anregungen aufzugreifen und zur eigenen Anschauung zu gestalten. Viele haben sich mit dem Menschen und Geistlehrer Rudolf Steiner beschäftigt und über ihn geschrieben, haben sich gefragt, wer er ist und worin seine Aufgabe in der Entwicklungsgeschichte besteht. Und es gibt natürlich viele Antworten und viele Aspekte seiner Person und seines Wirkens. Mit Blick auf die Medizin und das hier Dargestellte möchte ich ihn einen Christus-Boten nennen. Es ist beeindruckend, wie er sich – geboren in den Katholizismus Österreichs hinein – immer freier und unabhängiger gegenüber allem konfessionellen Christentum machte, ja eine durchaus kritische Haltung einnahm, um dann immer intensiver Christus zu verkünden, wie er sonst nur noch im Verborgenen, im sogenannten esoterischen Christentum lebte. Denn die Konfessionen hatten ihr Christusverständnis in der unterschiedlichen Form ihrer Glaubensinhalte ausgearbeitet, weitgehend dogmatisiert, und alles Andersdenken als Ketzerei oder Häresie gekennzeichnet und verfolgt. Wie ist nicht in diesem Zusammenhang von Kirchen gefoltert und getötet worden!

Schon als junger Mensch fand ich in der Erzählung vom Großinquisitor in Dostojewskis „Die Brüder Karamasow“ einen dramatischen Hinweis auf meine Fragen an die christlichen Konfessionen, in deren Leitideen Christi wie Toleranz, Nächstenliebe, Barmherzigkeit, Freiheit nicht tragende Säulen des Glaubens waren, höchstens textliche Dekoration. Das Bild eines Christentums im 20. Jahrhundert, das ich durch Rudolf Steiner fand, hat meine Fragen gelöst und mir meinen früh und innerlichst empfundenen Weg zu und mit Christus gefestigt. Und Steiners Hinweis, dass beginnend in den 30er Jahren des 20. Jahrhunderts, Christus den Menschen wieder erscheinen wird, nicht erneut in physischer Gestalt, sondern in der Welt des Lebendigen (im „Ätherischen“), ist mir ein bedeutender Hinweis für meine Lebensaufgabe geworden. Ich habe mit Erreichen meines dritten Lebensjahres aussprechen können, Arzt werden zu wollen. Natürlich ist das erst allmählich ein Bewusstsein geworden, war eigentlich mehr Ahnung. Damals wünschte ich mir von den Eltern ein Arztköfferchen, das ich auch bekam. Doch nun im Rückblick auf mehr als 80 Lebensjahre erlebe ich mich als wundervoll geführt, an dieser Aufgabe einer menschengerechten, christusgeprägten Medizin mitzugestalten, mitzuarbeiten berufen zu sein. So ist für mich das Arztsein mein wirklicher Beruf.

So schließt sich der Kreis dieses Buches auch zu dem Einleitungskapitel, wo vieles vorformuliert wurde, das hier wiederaufklingt. Es ist ein Kreislauf, der Anfang wie das Ende, vielleicht im Bild einer Steigerung als Spirale. Denn man kehrt nie zu dem Gewesenen zurück, sondern findet es in neuer Gestalt, mit neuem Gehalt. Das Buch könnte hier enden, doch möchte ich im Schlusskapitel noch den Blick auf Steiners Impulse für die Medizin lenken, die sein ganzes Leben durchziehen.

12. Rudolf Steiner und die Medizin

Die Begegnung mit der Medizin und medizinischen Fragestellungen durchzieht das ganze Leben Rudolf Steiners (1861–1925). Er wächst mit einem Bruder auf, der geistig behindert ist. Lebenslang hat er für ihn gesorgt. Als 10-Jähriger begegnet er einem Arzt in Neudörfel, der ihm die deutsche Literatur in Gesprächen vermittelt. Durch ein Geometriebuch, das ihm der Hilfslehrer der Dorfschule leiht, gewinnt er die Anschauung vom sinnenfälligen Raum und den ihn durchwirkenden geistigen Gesetzen. Als Gymnasiast lernt er auf der Zugfahrt nach Wiener Neustadt den Heilkräutersammler Felix Koguzki kennen, befreundet sich mit ihm, wird in sein Haus und Familie eingeladen und darf von diesem Naturweisen viel über die Heilkraft der Natur lernen. Vielleicht lernte er durch ihn auch die Mistel kennen? Gleich zu Beginn des Studiums in Wien an der Technischen Universität besucht er die Medizinische Fakultät der Universität und hört anatomische und physiologische Vorlesungen.

Es ist die Zeit des therapeutischen Nihilismus der Wiener Schule, es ist der Aufbruch der Naturwissenschaften in der Medizin, die in dieser Wendezeit vom 19. zum 20. Jahrhundert ihre ganz mechanisch bestimmte Wissenschaftsmethode entwickelt. Steiner, der von Kind an unmittelbare geistige Wahrnehmungen hatte, musste sich durch das Studium der Naturwissenschaften und intensive Beobachtungen der sinnenfälligen Welt erst an diese heran üben. Ihm wird die zunehmende Geistlosigkeit der Medizin und ihre Reduktion des Menschen auf die Bedingungen seines Leibes bewusst; der Leib, der wiederum nur als Ausdruck des Stoffes und nach physikalisch-chemischen Gesetzmäßigkeiten geregelt, letztlich als Leichnam gesehen wurde, von dem der Pathologe Rudolf Virchow seine Zellularpathologie ableitete und sie zur Grundlage aller medizinischen Wissenschaft machte. Steiner wird darüberhinaus gewusst haben, welches zentrale Lebensfeld die Medizin im gesellschaftlichen Leben einnimmt und wie von ihr das Bild des Menschen geprägt wird, mehr als von Philosophie und Theologie, ja auch mehr als von der Pädagogik. Deshalb ist es für mich gar nicht verwunderlich, ja eher notwendige Konsequenz, dass er die von ihm vermittelte geistige Anschauung des Menschen, seine Anthroposophie, auch mit der Medizin verbinden wollte, ja musste.

Er hatte während seiner Studienzeit über Jahre als Hauslehrer in einer vermögenden Wiener Kaufmannsfamilie gelebt, und seine Hauptaufgabe wurde die Erziehung eines Knaben mit einem Wasserkopf (Hydrocephalus), der als lernunfähig galt und wegen seiner angeborenen Missbildung auch als unheilbar. Rudolf Steiner gelang es auf pädagogischem Wege, die ganze Intelligenz des Knaben zu wecken und freizulegen, und auch die Wasserkopfbildung zurückzudrängen. Otto Specht konnte schließlich eine öffentliche Schule besuchen, studierte nach der Matura Medizin und wurde sogar Arzt. Sein Schicksal wollte es, dass er als Soldat im 1. Weltkrieg fiel.[131] Man darf aus dieser Lebensbegegnung zusammen mit dem eigenen behinderten Bruder die Wurzeln für eine Heilpädagogik erahnen, die 1924 in einem Kurs in Dornach veranlagt wurde[132] und heute weltweit bekannt und verbreitet ist.

Um die Medizin für die Anthroposophie aufzuschließen, brauchte Steiner Ärzte, Pharmazeuten und andere Heilberufe, die solchen Impuls in sich erlebten und ihn entsprechend um Rat fragten. Denn Steiner konnte nicht Gründer neuer Einrichtungen von Lebensfeldern wie Medizin, Pädagogik, Heilpädagogik, Landwirtschaft, sozialen Fragen sein, er konnte diese nur anregen. Die Impulse und Gründungsinitiativen erwartete er von den Fachberufen. Er nannte es ein ehernes Gesetz des Geisteslehrers, erst dann zu solchen Fachfragen Stellung zu beziehen, wenn gefragt wurde. Er durfte Angeln auswerfen, aber anbeißen mussten schon die Fische, um es im Bilde auszudrücken.

Als er in Berlin eine Zuhörerschaft fand, zunächst in der Theosophischen Gesellschaft und als Lehrer der sozialistischen Arbeiterbildungsschule, an deren Gründung August Bebel mitgewirkt hatte, griff er bald auch medizinische Themen aus dem großen Feld der Gesundheit und der Krankheiten auf. Schon 1906 sprach er zum Thema „Blut ist ein ganz besonderer Saft“ und über „Wie begreift man Krankheit und Tod“.[133] Es folgten Vorträge über „Gesundheitsfieber“ und „Krankheitswahn“; in einem Vortragszyklus zur „Theosophie des Rosenkreuzers“ behandeln mehrere Vorträge medizinische Themen, schon mit dem Blick auf ihre karmische Dimension, noch umfassender dann in „Offenbarungen des Karma“, Vorträge, die er 1910 in Hamburg in der hoch angesehenen Patriotischen Gesellschaft hielt.[134]

Inzwischen hatte er nicht nur Zuhörer medizinischer Berufe, sondern auch Ärzte, die seine Schüler in esoterischer Schulung waren und regelmäßig und intensiv mit ihm kommunizierten, ihn auch um Rat in fachlichen Fragen baten. Mit Blick auf solche Menschen und in seinem Anliegen, Medizin und Anthroposophie zur Begegnung zu bringen, hielt Steiner 1911 in Prag acht Vorträge zur Physiologie, also der Lehre oder dem Verständnis des gesunden Menschen. Er nannte sie „Eine okkulte Physiologie".[135] Sie wurden eine Begegnung mit über 400 Zuhörern des gebildeten Bürgertums, von Akademikern und Künstlern, deren bekanntester Franz Kafka war, und auch den schon genannten deutschen Ärzten, die ebenfalls Teilnehmer dieses Vortragszyklus waren. Rudolf Steiner sprach über den Menschen und seinen Leib als Instrument des Ichs unmittelbar aus geistiger Anschauung und es wird den meisten seiner Zuhörer mehr als schwergefallen sein, ihm zu folgen. Ist doch auch heute noch das Nachstudium dieser Vorträge eine mühsame Aufgabe. Sie verlangen Offenheit gegenüber einer Anschauung der geistigen, unsichtbaren Vorgänge im Organismus. Doch es waren mit den genannten Ärzten Zuhörer dabei, die bereits geschult waren, das Gesagte mit innerem Verständnis aufzunehmen. Aber nichts passierte im Weiteren. Es gab keine Fragen, es entstanden keine Impulse einer spirituellen Medizin, man ging zur Tagesordnung über. Ein Weckruf verhallte.

Für Steiner muss das ein tiefer Schmerz gewesen sein, der viel später einmal seinen Ausdruck fand, als er 1924 in dem Kurs für Ärzte und Priester, dem sogenannten Pastoralmedizinischen Kurs, aussprach, dass der kränkeste Mann Europas nicht der vom Bosporus sei (ein damals geflügeltes Wort), sondern der Mediziner.[136]

Steiner hat erleben müssen, mit welcher Macht die absolut ungeistige Auffassung des Menschen in der Medizin schon das Studium prägte und den angehenden Arzt deformierte, ihn für eine geistige Anschauung des Menschen und darüberhinaus der Natur unfähig machte. Das war ja auch das Erlebnis einzelner junger Ärzte und Medizinstudenten, die sich 1923 direkt an Steiner wandten und ihm die Frage stellten, was sie tun müssten, um das Studium und die Lehrlingszeit in der Medizin zu überstehen, ohne diese deformierende Prägung zu erleiden.[137] Steiners Antwort war die Übergabe einer Meditation und ein Kurs zu Beginn des Jahres 1924, der eine Fortsetzung zu Ostern des gleichen Jahres fand.[138]

Doch vier Jahre zuvor ereignete sich etwas, was ich immer als die Geburtsstunde einer Spiritualisierung und Durchchristung der naturwissenschaftlichen Medizin im Anbruch des 20. Jahrhunderts erlebt habe. Am Dreikönigstag 1920 hielt Steiner in Basel einen öffentlichen Vortrag zum Thema „Die geisteswissenschaftlichen Grundlagen der leiblichen und seelischen Gesundheit".[139] In für ihn ungewöhnlicher Form sprach er aus, wie groß sein Anliegen sei, die Anschauungen der Geisteswissenschaft denen der naturwissenschaftlichen Medizin hinzuzufügen, wie sehr er dafür eine Notwendigkeit sähe, wenn die Medizin dem Menschen gerecht werden wolle. Er nannte das Ergebnis solcher Verbindung eine *Intuitive Medizin.* Siebenmal benutzte er diese Bezeichnung, die er später nie mehr verwendete, die mir jedoch zum Schlüssel für das sich durchdringende Miteinander von Anthropologie und Anthroposophie in der Medizin wurde, wie ich es als Arzt zu verwirklichen und zu leben anstrebte. Noch einmal warf Steiner eine Angel aus, vielleicht sogar ein ganzes Netz, und diesmal kam die von ihm ersehnte Frage.

Doch es war kein Arzt, kein Mensch mit einem Heilberuf, der die Frage stellte, was denn getan werden müsste, damit Rudolf Steiner zum Grundthema Medizin vortragen könne. Es war der Chemiker Dr. Oskar Schmiedel, der allerdings schon eng mit der Züricher Ärztin Dr. Ita Wegman zusammenarbeite, einer Schülerin Steiners, für die er erste neue Arzneimittel erarbeitete. Steiner nannte seine Voraussetzungen und durch die Initiative Schmiedels kam es dann zu einem ersten Kurs für Ärzte über drei Wochen, deren erster Vortrag bereits am 21. März 1920 stattfand.[140] Über 50 Ärzte nahmen teil, doch Steiner erlebte erneut, wie gehemmt deren Auffassungsvermögen für die völlig neuen Anschauungen vom Menschen, seinem Organismus, von Gesundheit und Krankheit und letztlich auch den Arzneimitteln und anderen Therapien war. Ich hatte 50 Jahre später die Gelegenheit, einen der damaligen Teilnehmer zu fragen, wie es ihm und den anderen denn mit den Inhalten der 20 Vorträge ergangen sei, an denen heute noch so viele Menschen ein andauerndes Studium praktizierten, Satz für Satz, Gedanke für Gedanke. 1920 gab es keine Pause, der Sprachfluss Steiners formulierte, es blieb wohl kaum Zeit für Notizen. Der befragte Arzt sah mich damals nachdenklich an, und antwortete dann ganz spontan „Ach, Herr Fintelmann, wir haben doch nichts verstanden“! Genau das wird Steiner erlebt haben, schon ab dem vierten Vortrag wird seine Darstellung anders, weniger anspruchsvoll, „akademischer“, wie es Ita Wegman drei Jahre später formulierte. Und dennoch, ein Durchbruch war geschafft.

Nach dem Vortragszyklus „Eine okkulte Physiologie“ neun Jahre zuvor und vielen Einzelvorträgen war ein Schritt auch zum Verständnis von Krankheiten und einer daraus sich ableitenden, rationellen Therapie getan worden. Und die Zuhörer gehörten nun Fachberufen an, waren hauptsächlich Ärzte. Es folgten weitere Kurse, doch ein noch einmal ganz entscheidender Schritt erfolgte erst 1924 mit dem Kurs für junge Ärzte und Medizinstudenten (veröffentlicht in GA 316), dem noch die erwähnten Kurse zur Heilpädagogik und zur Pastoralmedizin folgten, dazu zahlreiche Einzelvorträge für Ärzte und Heilberufe, die später in einem Sammelband (GA 319) zusammengefasst und publiziert wurden. Mit diesen Kursen im Jahr 1924 ging Steiner tiefer in die geistigen Anschauungen als zuvor. Man kann auch von einer mehr exoterischen und nun esoterisch gewordenen Anschauung sprechen. Steiner selbst hat diese Unterscheidung im Kurs für junge Ärzte und Medizinstudenten angesprochen.

Es war vor allem die intensive Zusammenarbeit mit Ita Wegman, die ihm die Voraussetzungen schuf, rückhaltloser über das Geistige zu sprechen, als es ihm vorher mit Blick auf die Medizin möglich war. 1921 hatte Ita Wegman in Arlesheim bei Basel eine kleine Klinik begründet, nachdem sie ihre Arztpraxis von Zürich nach Basel verlegt hatte, um engeren Kontakt mit Steiner zu haben, der von Dornach aus wirkte. Steiner ist sehr regelmäßig in der Klinik, die den Namen „Klinisch-therapeutisches Institut" bekommen hatte, gewesen; ihm wurden Patienten vorgestellt, er beriet die Ärzte, regte Therapien an, ließ sich den Verlauf berichten. Ein sichtbares Ergebnis dieser Zusammenarbeit ist das gemeinsam mit Ita Wegman verfasste Buch „Grundlegendes für eine Erweiterung der Heilkunst" (GA 27), das erst nach Steiners Tod (im März 1925) erschien. Es war als Anfang gedacht und sollte Fortsetzungen finden, auch war der Titel offengeblieben und entstand nach einem Vorschlag einer der jungen ärztlichen Mitarbeiterinnen Wegmans in der Klinik.

Auch in Deutschland war es schon 1921 zu einer Klinikgründung in Stuttgart gekommen und aus den ersten pharmazeutischen Impulsen zur Herstellung neuer Arzneimittel entstanden die Chemisch-Pharmazeutischen Laboratorien, die sich dann zur Weleda AG entwickelten. Nachdenkenswert scheint mir, dass in Stuttgart ein ganz männlich geprägter Impuls entstand – alle Ärzte der Klinik waren Männer – dagegen in Arlesheim ein ganz weiblicher, denn hier arbeiteten zunächst nur Ärztinnen. Auch hier kann auf einen mehr exoterisch-wissenschaftlichen und einen mehr esoterisch-intuitiven Strom der von Steiner angeregten Medizin geblickt werden. Steiner hatte sich eindeutig mehr dem letzteren verbunden.

Tatsache ist, dass Steiners Anliegen einer spiritualisierten und durchchristeten Medizin erst sehr spät in seinem Leben ihre Begründung erfuhr, zu einer Zeit, als er vor unglaublich umfangreiche Anforderungen gestellt und extrem in Anspruch genommen wurde. Die Fragen des verlorenen Weltkrieges führten zur Darstellung von „Kernpunkten der sozialen Frage", Steiner arbeitete ungewohnt stark in der Öffentlichkeit, auch in der Begegnung mit der Politik, es folgten viele Impulse und Neugründungen z.B. von Wirtschaftsunternehmen. Steiner wurde von dem Fabrikdirektor der Waldorf-Astoria-Zigarettenfabrik in Stuttgart gebeten, für die Kinder der Arbeiter ein neues pädagogisches Konzept zu erarbeiten, woraus die Waldorfpädagogik entstand. Pfarrer der protestantischen Kirche um den Berliner Theologen Dr. Friedrich Rittelmeyer fragten nach einer erneuten Reformation der christlichen Kirche, woraus die Bewegung für eine religiöse Erneuerung wurde, „Die Christengemeinschaft". Landwirte fragten an, es entstand die biologisch-dynamische Landwirtschaft („Demeter"); die Heilpädagogen fragten und so fort und so fort.

So gesehen, hatte Steiner kaum noch Zeit für die Medizin und vieles entwickelte sich auch unabhängig von ihm (und es wurden abgesehen davon ja auch das Goetheanum gebaut, Architekten, Handwerker und Künstler geschult). Was wäre wohl entstanden, wenn bereits 1911 an „Eine okkulte Physiologie" (GA 128) hätte angeknüpft werden können? Das scheint eine rhetorische Frage – und ist doch tief ernst gemeint. Denn das Anliegen Steiners wurde von den Ärzten und Heilberufen sicherlich nicht so ergriffen, wie er es sich erhofft hatte, wie ihm eine künftige, vom Menschen aus gestaltete Medizin vor dem geistigen Blick stand. Sie wurde wieder sehr akademisch, sehr wissenschaftlich. Und es gelang nicht, eine wirkliche Annäherung oder gar Verbindung mit der alles bestimmenden, sogenannten Schulmedizin herzustellen, diese befruchtend, ergänzend, aus deren Einseitigkeit befreiend. Mit der Novellierung des deutschen Arzneimittelgesetzes 1978 wurde die Anthroposophische Medizin eine „besondere Therapierichtung", was ihr mehr Rechte, mehr Anerkennung verschaffte. Doch war das Steiners Anliegen, quasi ein Nebengleis des Hauptgleises der modernen Medizin?

Das sind Fragen, die ihre Antworten weiter suchen werden und die jeder auf seine Art und Überzeugung beantworten wird. Auch der in der Evolution wirkende Zeitgeist wird das tun, wozu er allerdings Menschen braucht, „die eines guten Willens sind". Mir war besonders wichtig, das Motiv der Durchchristung aufzugreifen, lebendig und anschaulich zu machen. Denn das ist der besondere Auftrag Steiners, den wir in anderen, „komplementären" Medizinsystemen nicht finden. Christus als Träger und Vermittler des Heilens zu wissen, sich in den Dienste dieses Heilstroms zu stellen, „Gottesdienst" an der Schöpfung Mensch zu tun aus den Quellen von Menschenverständnis und Menschenliebe. Dazu gehört auch, dass Heilen Gemeinschaft voraussetzt. „Wo zwei oder drei in meinem Namen zusammen sind, da bin ich mitten unter ihnen" (Matth. 18,20).

Medizin muss durchdrungen sein von den Idealen Toleranz, der Demut, der Nächstenliebe, der Wahrheit, kurz von einer christlichen Ethik, wie sie in den Schriften des Neuen Testaments zu finden ist. Medizin muss den Geist in Mensch, Natur und Kosmos entdecken und lehren. Durch Steiner ist die Forderung Thure von Uexkülls längst erfüllt, zumindest veranlagt, den ich anfangs zitierte: „Die Medizin des 20. Jahrhunderts hat den Geist aus sich heraus getrieben. Und es wird höchste Zeit, dass sie ihn wieder herein bittet". Das ermöglicht Anthroposophie, das war und ist Steiners Anliegen für die Medizin, dafür hat er sich eingesetzt. Das Verwirklichen liegt bei uns und dieses Buch möchte seinen Beitrag als Ausdruck und Ergebnis des eigenen Strebens dazu leisten.

13.
Ausklang

„Anthroposophie ist in allen Einzelheiten ein Streben nach der Durchchristung der Welt“.[141]

Anthroposophie ist viel weniger eine Weltanschauung als eine Handlungsanweisung, in der Welt in Übereinstimmung mit dem göttlichen Schöpfungswillen zu leben, das heißt zu denken, zu empfinden und fühlen, zu handeln. Die Medizin mit Anthroposophie zu verbinden, heißt auch sie zu durchchristen und sie als Dienstleistung für die Schöpfung Mensch zu erkennen, Gottesdienst zu leisten, wie Steiner es nannte. Die Wege hierzu aufzuzeigen, ist die Intention aller Inhalte dieses Buches. Sie sind, wie ich es einleitend schon sagte, sehr persönlicher Natur. Sie sind erarbeitete Essenz meines Lebens als Arzt im Zusammenwirken mit vielen Menschen, am intensivsten mit den Patienten, die sich mir anvertrauten, „die an mich glaubten“.

Im Gegensatz oder auch in Ergänzung der heute vorherrschenden Medizin ist sie eben nicht anonymisierte oder objektiv gewonnene Erkenntnis, unabhängig vom Erkennenden, sondern hoch individuell und sehr subjektiv. Für mich heißt das jedoch nichts anderes als „sie ist ganz und gar menschlich“. Und das meint nicht, besser und richtiger als anderes, es bedeutet menschengerecht, vom Sein des Menschen abgelesen. Denn der konkrete Mensch ist individuell-einzigartig und seine natürliche Welt ist subjektiv, ganz im Gegenteil zur Maschine. Deshalb darf es nie l’homme machine geben, Wagners Homunculus in Goethes Faust oder den fiktiven Norm-Menschen, den die moderne Medizin konstruierte, den es aber in keiner Wirklichkeit gibt.

Für mich war und ist es wichtig, immer wieder darauf hinzuweisen, dass es mir um ein Christentum frei von allen Konfessionen, Katechismen und Dogmen geht; dass die Inhalte der Evangelien, des Neuen Testaments uns zum Lehrer werden können für einen Weg, der mich zu der Trinität Gottes führen kann, wie es in der motivgebenden Meditation ganz zu Beginn des Buches ausgesprochen wird. Das Wort *Gesinnung* mag eine falsche Empfindung hervorrufen. Ich verknüpfe es mit dem Ruf „aus der Wüste" von Johannes dem Täufer, von Jesus Christus aufgegriffen: „Ändert euren Sinn".

Es war ja richtig und notwendig, eine medizinische Wissenschaft zu entwickeln, die von der Beobachtung ausgeht, für die das sinnliche Wahrnehmen aller Anfang der Rationalität ist. Doch so, wie die Sinne gegeben sind, wie sie durch unsere Sonderung von Gott, den Sündenfall, manipuliert wurden, führen sie uns nicht zur Wahrheit. Wurden sie starr, schwach, wahnhaft oder dumpf, so müssen wir durch ständige Übung, Schulung, ja ich kann auch sagen: Training, einen Stark- oder Wahr-Sinn ausbilden, der die Wahrnehmung auf ihrem Wege zur Erkenntnis nicht verfälscht. Und hierfür ist Christus unser Lehrer. Er öffnet dem Blindgeborenen die Augen, dem Tauben die Ohren, gesundete dem Menschen mit der verdorrten Hand das Denken. ER macht uns sehend, hörend, schmeckend, tastend. Zwölffach sind die Sinnes-Tore gestaltet, zwölffach verbinden sie uns mit der Welt, zwölffach können wir diese erfassen.

Die Zwölfheit der Weltanschauungen oder Perspektiven wird auch in den zwölf Ur-Jüngern repräsentiert, und Christus ist der Dreizehnte, in dem sie zur Einheit, zu der einen, allumfassenden Anschauung werden. Er ist Repräsentant der göttlichen Wahrheit, die wiederum unser Tor zur Freiheit ist. „Ihr, wenn ihr wohnt in meinem Wort, dann seid ihr wirklich meine Jünger, und ihr werdet die Wahrheit erkennen, und die Wahrheit wird euch frei machen" (Joh. 8,31–32). Die Wahrheit ist unteilbar, es gibt keine Teilwahrheiten; doch ist sie zwölffach gegliedert, hat Perspektiven. Eine unserer zeitgemäßen Denkanstrengungen ist es, von der Perspektive zurück auf die Ganzheit zu blicken, von der sie ausgegangen ist. Vieles im sozialen Leben wäre sofort einfacher, wenn Meinungsverschiedenheiten als erstes dahin überprüft würden, aus welcher Perspektive der Jeweilige auf das Gleiche schaut: von der Schweizer Seite auf das Matterhorn, wo es der Berg der Berge zu sein scheint, oder von der italienischen, wo es arg gewöhnlich wirkt?

Es ist meine Hoffnung, dass dieses Buch viele Leser findet, für die es Anregung zu eigenen Wegen, zu eigenem Denken wird. Nicht nur in der Medizin beruflich Tätige, sondern auch viele Nichtmediziner, die als Patienten Erfahrungen mit der Medizin machten, oder einfach Laien, die mit gesundem Menschenverstand auf die Dinge schauen und – wie es in der Botschaft der himmlischen Heerscharen in der Heiligen Nacht heißt – „die eines guten Willens sind" (Luk. 2,13–14). Die Medizin muss aus der Umklammerung der Geistlosigkeit und des Materialismus befreit werden, sie muss eine ethische Grundierung bekommen. Sie braucht die christlichen Tugenden der Toleranz, der Nächstenliebe, der Barmherzigkeit. Und sie muss wieder das Heilen entdecken. Zu allen Schritten auf dem Wege zu einer christlichen Medizin braucht es Geistesgegenwart, Mut, Verantwortungsgefühl. Und jedes der angesprochenen Elemente muss, wie es in dem vorangestellten Meditationstext heißt, zum Geschehen werden, zu einem

Prozess, der vom moralisch handelnden Menschen ausgeht. Dann wird ein Beitrag geleistet, harmonisch Geistesmensch im Erdenmenschen zu zeugen oder beide im Gleichgewicht zu verbinden, wie es das evolutionäre Ziel der Menschwerdung von Beginn der Schöpfung an bis zu ihrer Vollendung ist. Diesen Weg schreitet uns Christus voran, „denn sehet, ich bin bei euch alle Tage bis zur Vollendung der Erdenzeit" (Matth. 28,20).

Der Abschluss soll den Blick auf die 20 Jahre von September 1997 bis zum Juni 2017 richten, einen Zeitraum, der die Tätigkeit der Carl Gustav Carus Akademie in Hamburg umfasst. Denn in ihr wurde für alle medizinischen Berufe das lehrend dargestellt, worüber dieses Buch erzählt. Die Carus Akademie arbeitete berufsübergreifend und berufsverbindend als Ausdruck einer Gemeinschaft der Heilberufe, die sich zum Heil der Erkrankten zusammenschließen und eine sich ergänzende Therapiegemeinschaft bilden will. In ihr wurden von 2004 bis 2010 sieben dreitägige Seminare mit dem Thema „Wege zu einer christlichen Medizin" durchgeführt, immer in der Adventszeit, verantwortet von dem Pfarrer und Oberlenker der Christengemeinschaft Johannes Lenz und mir. Johannes Lenz musste mit Rücksicht auf sein Alter dann aufhören, und so war es ein besonderer Höhepunkt, dass er die Kraft hatte, gemeinsam mit mir 2014 noch eine Oktave folgen zu lassen.

Zur Gründung der Carus Akademie kam es durch eine Aussage eines meiner Patienten, den ich zwei Jahrzehnte in seinem hohen Alter ärztlich begleitete und für den ich fast so etwas wie früher ein Leibarzt war. Er war ein außerordentlich erfolgreicher Hamburger Kaffeekaufmann und sagte eines Tages zu mir, nachdem er mich auch in schweren Krankheiten als seinen Arzt erlebt hatte: „Wie Sie als Arzt arbeiten, das müssen Sie andere lehren!" Und ich erzählte ihm von meinen Überlegungen einer Akademie, die allerdings wirtschaftlich professionell geführt werden müsse und sicher finanziell laufend Zuschüsse brauchen werde. Seine Frage lautete sehr kurz „Was kostet das?" und schon waren wir im Gespräch über eine Institution, wie es die Carus Akademie geworden ist.

Nachdem klar war, dass ich vom Krankenhausträger freigestellt wurde, ging alles ganz schnell. Zum Dreikönigstag 1997, 77 Jahre nach Steiners bahnbrechendem Vortrag in Basel und seiner Forderung einer Intuitiven Medizin, lud ich 17 Menschen ein, um ihnen den Gedanken der Akademie vorzustellen und die Frage zu äußern, wer sich mit ihrer Gründung verbinden könne und auch an der inhaltlichen Arbeit mitwirken wolle. Im Mai wurde die „Carl Gustav Carus Akademie Hamburg" als eingetragener Verein (e.V.) amtlich beglaubigt und im September begann sie mit ihren Seminaren, Kolloquien und Kursen.

Viele tausend Teilnehmer sind ihrem Ruf gefolgt, viele von ihnen über Jahre, ja manche sind ihr fast über die gesamte Zeit bis zum Sommer 2017 treu geblieben. Nicht wenige haben sie als ihr zweites Zuhause bezeichnet, als Kraft- und Mutquelle für ihre Arbeit, als Ort offenster Menschenbegegnung. Ein Arzt sagte einmal spontan nach einem Onkologischen Kolloquium, nun wisse er doch wieder, warum er diesen Beruf ergriffen habe. Später neu Hinzukommende von fortlaufenden Veranstaltungen äußerten fast ausnahmslos, wie selbstverständlich sie vom Kreis der schon lange Mitwirkenden aufgenommen wurden, welche stark menschlich geprägte Atmosphäre sie an und in der Carus Akademie empfänden.

Die sieben Seminare „Wege zu einer christlichen Medizin" bilden eine Mitte in der Zeit von 1997 bis 2017. Das war nicht beabsichtigt, ist jedoch fast zeichenhaft. Denn sie sprechen aus, was gemeinsames Anliegen aller Menschen war, an dieser Akademie zu lehren und zu lernen. Und was auch erlebbar war und die besondere Atmosphäre ausmachte. Denn hier war jeder frei, das für sich aufzugreifen und umzusetzen, was ihm aus dem Dargestellten oder praktisch Vermittelten richtig und wichtig war, was die Arbeit für seine Patienten bereicherte. Es wurde der Gedanke unseres Namensgebers Carl Gustav Carus gelebt: „Jeder Mensch, ja alle Kreatur, ist eine Idee Gottes. Und alle sind gleich wert". Nach 20 Jahren endet nun diese Tätigkeit, weil eine unmittelbare Fortsetzung durch jüngere Menschen sich nicht realisieren ließ. Der Impuls einer Spiritualisierung und Durchchristung der Medizin, den wir auch den Carus-Impuls in der Medizin nannten, wird weiterwirken. Und wie in der Natur die Pflanze den Samen für das Werden einer neuen bildet, so mögen auch die Samen der Carus Akademie Hamburg einen fruchtbaren Boden finden, um neu zu entstehen und wachsen zu können.

Zur Person des Autors

Manches Biografische von mir klang schon in den einzelnen Kapiteln an, so zum Beispiel, dass ich mir zu meinem dritten Geburtstag einen Arztkoffer wünschte, weil ich doch Arzt werden wollte. Ich bekam ihn, mit Stethoskop und neurologischem Hämmerchen, mit Spritzen, Verbänden und Pflastern. Mein erster Patient war der geliebte Teddybär „Joppi", der sich als sehr geduldig erwies. Das alles vollzog sich in Berlin-Zehlendorf direkt am Fischtal, der Senke eines Urstromtales, das beliebter Spielort sommers wie winters wurde. Dort betrat ich im Februar 1935 die Erde als fünfter Sohn meiner Eltern Joachim und Clara Fintelmann, sie eine geborene Mommsen, Enkelin von Theodor Mommsen und Nichte von Max und Alfred Weber. Da war ein starker akademischer Zug in meinen Vorfahren mit hoher liberaler Einstellung. Väterlicherseits war die Linie Fintelmann geprägt durch preußische Hofgärtner, mein Großvater war der letzte kaiserliche Hofgartendirektor in Sanssouci.

Da meine Mutter nach vier Jungen auf eine Tochter hoffte, fehlte für den Fünften zunächst ein Name. Mein Bruder Klaus, der gerade die Nibelungensage las, schlug Volker vor, den Spielmann, Hagens Freund. Dazu gesellte sich als zweiter Name Johannes. Bemerkenswert: war die Musik doch das zweite Thema, das mich neben dem Arztberuf erfüllte. Und zu dem Jünger und Evangelist Johannes empfand ich schon früh eine tiefe Zuneigung, besonders durch die Darstellungen des Holzschnitzmeisters Tilman Riemenschneider. Nach mir war dann in unserer Familie endlich auch Platz für ein Mädchen, meine Schwester Barbara.

Die Kindheit wurde durch den 2. Weltkrieg geprägt. Bald schon erlebten wir die Luftangriffe auf Berlin, Nacht für Nacht verbrachten wir im Schutzkeller, nach der Entwarnung betrachteten wir den von brennenden Häusern glutroten Himmel. Durch ein Dekret Goebbels mussten Mutter und die vier jüngeren Kinder Berlin verlassen, was natürlich für alle Berliner Familien galt. Dann folgten Jahre der Unbeständigkeit und Flucht. Die ersten fünf Schuljahre besuchte ich sechs verschiedene Schulen, bis die Familie in Sehnde bei Hannover wieder vereint wurde und ich Schüler der Freien Waldorfschule in Hannover wurde, wohin wir 1949 zogen. Im November 1948 war mein nächstältester Bruder Jens mit 15 Jahren auf der Fahrt mit dem Fahrrad zur Schule tödlich verunglückt. Das war ein tiefer Einschnitt in meinem Leben, denn wir waren durch all die Jahre fast unzertrennlich gewesen, hatten alles geteilt, waren ein Herz und eine Seele. Von dieser Zeit an erlebte ich geistige Führung in meinem Leben, zunächst durch die unveränderte Nähe zu meinem Bruder, später dann immer bewusster durch die Schülerschaft zu Rudolf Steiner, der für mich diesen Begriff geprägt hat.

Ich studierte Medizin von 1955 bis 1960 in Tübingen, Berlin (Physikum), Heidelberg und Hamburg, wo ich im Herbst 1960 das Staatsexamen ablegte und im Frühjahr 1961 promovierte. Ab dem 1. April desselben Jahres begann dann meine aktive Berufszeit als Arzt, die ersten zweieinhalb Jahre im Vereinshospital Kaltenkirchen nördlich von Hamburg, wo ich in die Chirurgie, Gynäkologie und Geburtshilfe und schließlich in die Innere Medizin als Medizinalassistent eingeführt wurde und zum 1. April 1963 die Approbation durch die Ärztekammer Hamburg erhielt. Ab August arbeitete ich als Assistenz- und Stationsarzt am Krankenhaus Hamburg Schlump der DRK-Schwesternschaft Hamburg und bin dort bis zum Ausscheiden und der Gründung der Carus Akademie 1996 bzw. 1997 geblieben. Allerdings veränderten sich die Örtlichkeiten: Nachdem ich 1970 Oberarzt geworden war, ging ich als Chefarzt (ich nannte mich „Leitender Arzt") im Oktober 1973 in die Klinik Helenenstift in Altona, die auch zur DRK-Schwesternschaft gehörte und ihr ursprüngliches Mutterhaus war. 1977 kehrte ich als Nachfolger meines früh verstorbenen ehemaligen Chefs Prof. Dr. Harald Lindner zurück ins Krankenhaus Schlump, um schließlich Anfang 1980 mit allen Mitarbeitern beider Häuser in das städtische Allgemeine Krankenhaus Hamburg Rissen umzuziehen, da die Gesundheitsbehörde die Neuplanung für unsere „alten" Krankenhäuser im Osten Hamburgs stoppte und uns ihr leider sehr heruntergewirtschaftetes Haus überließ, das eigentlich hatte geschlossen werden sollen.

Dort war ich verantwortlich für eine Innere Abteilung mit 122 Patienten („Betten"), führte den Schwerpunkt Gastroenterologie mit Endoskopie fort und entwickelte immer intensiver mit meinen Mitarbeitern die seit 1973 veranlagte „anthroposophisch ergänzte Medizin", wie wir sie nannten. Denn die „Schulmedizin" blieb das Fundament unserer Arbeit, jedoch in dem Bewusstsein, sie mit der Welt- und Menschenkunde Rudolf Steiners zu durchdringen. Wir waren ein Krankenhaus der Grund- und Regelversorgung mit Rund-um-die-Uhr-Bereitschaft und standen ganz im Fokus der Öffentlichkeit. Meine Arbeit wurde durch den Ärztlichen Direktor sehr gefördert, alle anderen Abteilungen waren jedoch rein schulmedizinisch ausgerichtet.

Es begann eine immer intensivere Vortragstätigkeit in nah und fern, allerdings ganz auf Europa begrenzt, weil ich die deutsche Sprache nicht verlassen mochte. Bis heute sind es fast 3500 Vorträge geworden, dazu viele Publikationen und etliche Bücher, von denen ich nur die „Intuitive Medizin" nennen möchte, weil sie am unmittelbarsten zum Ausdruck bringt, für welche Medizin ich mich berufen erlebte. Mit Freude kann ich sagen, dass dieses Buch mittlerweile in sechster Auflage (2016) seit 1987 erschienen ist und Übersetzungen in die italienische, französische, finnische, russische und nun auch die norwegische Sprache folgten. Eine Besonderheit war auch, dass ich das „Lehrbuch Phytotherapie" von seinem über 90-jährigen Autor Prof. Dr. Rudolf Fritz Weiss zur Fortsetzung übernahm und es seither von der siebten Auflage bis zu seiner 13. (2016) führte.

1979 war ich in eine Arzneimittelkommission für die Aufbereitung des Erkenntnismaterials der Phytotherapie beim Bundesgesundheitsamt in Berlin berufen worden, deren Vorsitzender ich dann von 1983–1990 war. Dort war ich auch Prof. Weiss begegnet. 1986 wurde ich Ärztlicher Direktor und gleichzeitig Geschäftsführer unseres Krankenhauses in Hamburg Rissen, das als gemeinnützige GmbH geführt wurde, und war nun zusammen mit dem kaufmännischen Geschäftsführer verantwortlich für über 400 Patienten, die aufgenommen werden konnten, mehr als 700 Mitarbeiter und einem Jahresbudget von rund 60 Millionen DM. Das war noch einmal eine wichtige Steigerung der Erfahrung und natürlich auch Verantwortung, die mich zu allem Ärztlichen auch mit den ökonomischen Fragen im Gesundheitswesen zusammenführte.

1996 war dann eine besondere Schicksalskonstellation: Erst wurde meinem Co-Geschäftsführer und mir mitgeteilt, dass wir als Geschäftsführer durch einen Betriebswirt ersetzt werden sollten, und acht Tage später bekam ich per Fax die Mitteilung, dass der Senat der Freien und Hansestadt Hamburg „sich die Ehre" gäbe, mir den Ehrentitel Professor zu verleihen, besonders als Ausdruck meines Einsatzes für das Zusammenfügen von Schul- und Komplementärmedizin. So wurde mit 62 Jahren der Weg frei, die Carus Akademie zu gründen und freiberuflich weiter tätig zu sein. Und damit begannen die letzten 20 Jahre als Arzt, die ich nun im Sommer 2017 beschließen werde.

Zum Schluss sei noch erwähnt, dass ich aus meiner ersten Ehe fünf wunderbare Kinder habe und von ihnen zehn Enkel, deren älteste nun auch schon 24 Jahre alt ist. Und dass ich seit mehr als 25 Jahren mit Alexandra verheiratet bin, selber Krankenschwester und eine wunderbare und ideale Begleiterin meiner Arbeit. Sie ist an der Entstehung dieses Buchs maßgeblich beteiligt und als seine erste Leserin half sie manches zu verdeutlichen und regte Ergänzungen an. Ihr gilt mein innigster Dank. Und nicht zuletzt auch meiner geistigen Führung, die mich immer spürbar geleitet hat, mir über viele Schwernisse hinweghalf und mich auf dem Weg hielt. Sie schenkte mir Kraft und Gesundheit, bis in das hohe Alter hinein der gewählten Aufgabe treu dienen zu können.

Anhang: Die Heilungsgeschichten in den Evangelien im Überblick

Im Evangelium nach Matthäus:

Heilung eines Aussätzigen
Heilung des gichtbrüchigen Knechts
Heilung der Schwiegermutter des Petrus
Heilung zweier Besessener
Heilung des Gichtbrüchigen
Heilung der Tochter des Jairus
Heilung des blutflüssigen Weibs
Heilung von zwei Blinden
Heilung eines Stummen
Heilung der verdorrten Hand
Heilung eines blinden und stummen Besessenen
Heilung der besessenen Tochter des kanäischen Weibs
Heilung des mondsüchtigen Sohns
Heilung von zwei Blinden am Wegesrand

Im Evangelium nach Markus:

Heilung eines Besessenen (unsauberer Geist)
Heilung der Schwiegermutter des Petrus
Heilung des Aussätzigen
Heilung des Gichtbrüchigen
Heilung der verdorrten Hand
Heilung eines Besessenen
Heilung des Jairus
Heilung des blutflüssigen Weibs

Heilung der besessenen Tochter des kanäischen Weibs
Heilung des Taubstummen
Heilung eines Blinden
Heilung des Sohns von einem unsauberen sprachlosen Geist
Heilung des Blinden

Im Evangelium nach Lukas
Heilung eines Besessenen
Heilung der Schwiegermutter des Petrus
Heilung des Aussätzigen
Heilung des Gichtbrüchigen
Heilung der verdorrten Hand
Heilung des Knechts des Hauptmanns
Heilung/Auferweckung des Jünglings zu Nain
Heilung eines Besessenen
Heilung der Tochter des Jairus
Heilung des blutflüssigen Weibs
Heilung des besessenen Sohns
Heilung des Stummen
Heilung einer Frau, die 18 Jahre krank und krumm war und nicht aufstehen konnte
Heilung eines Wassersüchtigen
Heilung der zehn Aussätzigen
Heilung des blinden Bettlers
Heilung des abgeschlagenen Ohrs

Im Evangelium nach Johannes
Heilung des Sohns (eines Königlichen) zu Kapernaum
Heilung des 38 Jahre langen Kranken am Teich Bethesda
Heilung des Blindgeborenen
Auferweckung des Lazarus

Anmerkungen

GA = Gesamtausgabe Rudolf Steiner Verlag Dornach (alle Angaben zu Rudolf Steiner werden zur Verkürzung als Nummer der GA zitiert, ggf. mit Vortragsdatum)

1 Steiner, R.: GA 318 Das Zusammenwirken von Ärzten und Seelsorgern. Pastoralmedizinischer Kurs. 1.9.1924.

2 Uexküll, Th. v.: Vortrag im Ärztlichen Verein der Ärztekammer Hamburg. 16.1.1996.

3 Illich, I.: Die Enteignung der Gesundheit. Medical Nemesis. Rowohlt 1975.

4 Steiner, R.: GA 230 Der Mensch als Zusammenklang des schaffenden, bildenden und gestaltenden Weltenwortes, 11.11.1923.

5 Lown, B.: Die verlorene Kunst des Heilens. Schattauer 2004.

6 Steiner, R.: GA 316 Meditative Betrachtungen und Anleitungen zur Vertiefung der Heilkunst. Vorträge für Ärzte und Studierende, 9.1.1924.

7 Steiner, R.: GA 128 Eine okkulte Physiologie.

8 Steiner, R.: GA 318 (S. 1), 8.9.1924.

9 Steiner, R.: GA 9 Theosophie. Einführung in übersinnliche Welterkenntnis und Menschenbestimmung. Das Wesen des Menschen Kap. IV.

10 Fintelmann, V.: Intuitive Medizin. Haug 2016, 6. Auflage; S. 324–335.

11 Sackett, D. L. et al: Evidence-based medicine. What is it and what it isn't. Brit. J. 312; 1996, S. 71–75.

12 Fintelmann, V.: Intuitive Medizin. S. 225–230.

13 Steiner, R.: GA 316 (S. 6), 9.1.1924.

14 Fintelmann, V.: Intuitive Medizin. S. 174–177.

15 Carus, C. G.: Lebenserinnerungen und Denkwürdigkeiten. Kiepenheuer Weimar 1969.

16 Maio, G.: Geschäftsmodell Gesundheit. Wie der Markt die Heilkunst abschafft. Suhrkamp Berlin 2014.

17 Steiner, R.: GA 131 Von Jesus zu Christus, 8.10.1911.
18 Steiner, R.: GA 312 Geisteswissenschaft und Medizin, 2.4.1920.
19 Carus, C. G.: Erfahrungsresultate aus ärztlichen Studien und ärztlichem Wirken während eines halben Jahrhunderts. Brockhaus Leipzig 1859.
20 Steiner, R.: GA 221 Der unsichtbare Mensch in uns. 11.2.1923.
21 Steiner, R.: GA 134 Die Welt der Sinne und die Welt des Geistes. 29.12.11.
22 Steiner, R.: GA 3 Wahrheit und Wissenschaft.
23 Goethe, J. W.: Faust 1. Teil. Studierzimmer.
24 Steiner, R.: GA 120 Die Offenbarungen des Karma. 19.5.1910.
25 Steiner, R.: GA 316 (S. 6), 9.1.1924.
26 Fintelmann, V.: Intuitive Medizin. Theorie und Praxis der Anthroposophischen Medizin. Haug 2016, 6. Auflage.
27 Steiner, R.: GA 316 (S. 6), 8.1.1924.
28 Solowjew, W.: Eine kurze Erzählung vom Antichrist. Erich Wewel Verlag 2000.
29 Steiner, R.: GA 182 Der Tod als Lebenswandlung. (Wie finde ich den Christus) 16.10.1918.
30 Steiner, R.: GA 148 Aus der Akasha-Forschung. Das fünfte Evangelium. 5.10.1913.
31 Blobel, G.: Die Zukunft der Krebstherapie. Interview m. d. Welt am Sonntag, 17.10.1999, S. 42.
32 Fucke, E.: Im Spannungsfeld des Bösen. Freies Geistesleben Stuttgart 2002.
33 Fintelmann, V..: Intuitive Medizin. Haug 2016, S. 232–257.
34 Fintelmann, V., Treichler M (Hg): Onkologie auf anthroposophischer Grundlage. Info3 Verlag Frankfurt 2014, Band 1 und 2.
35 Morgenstern, Chr.: Kein Augenblick ohne ein Ja. Freies Geistesleben Stuttgart 2002.
36 Antonovsky, A.: Salutogenese. Zur Entmystifizierung der Gesundheit. dgvt 1997.
37 Maslow, A. H.: Motivation und Persönlichkeit. Rowohlt 1999.
38 LeShan, L.: Psychotherapie gegen den Krebs. Klett-Cotta 1986.
39 Steiner, R.: GA 4 Die Philosophie der Freiheit. Kap. XII Die moralische Phantasie.
40 Steiner, R.: GA 316 (S. 6), 8.1.1924.
41 LeShan, L.: Psychotherapie gegen den Krebs. Klett-Cotta 1986
42 Steiner, R.: GA 316 (S. 6), 8.1.1924.
43 Fintelmann, V.: Intuitive Medizin. Haug Stuttgart 2016, S. 41–42.

44 Fintelmann, V.: Intuitive Medizin. Haug Stuttgart 2016, S. 208–215.
45 Sieweke, H: Gesundheit und Krankheit als Verwirklichungsformen menschlichen Daseins. Philosophisch-Anthroposophischer Verlag am Goetheanum Dornach 1967, S. 77–91.
46 Saint Exupéry, A. de: Der kleine Prinz. Rauch Düsseldorf 1958, Kap. XXI.
47 Lusseyran, J.: Das wiedergefundene Licht. Klett-Cotta 2009.
48 Steiner, R.: GA 10 Wie erlangt man Erkenntnisse der höheren Welten?
49 Fintelmann, V.: Intuitive Medizin. Haug Stuttgart 2016, S. 262–265.
50 Steiner, R.: GA 1 Einleitungen zu Goethes Naturwissenschaftlichen Schriften.
51 GA 318 (S. 1), 12.9.1924.
52 Fintelmann, V.: Intuitive Medizin. Haug Stuttgart 2016, S. 76.
53 Springer, Lexikon der Medizin 2004, S. 1233.
54 Lusseyran, J.: Gegen die Verschmutzung des Ich. Freies Geistesleben Stuttgart 2010.
55 Fintelmann, V.: Intuitive Medizin. Haug Stuttgart 2016, S. 215–220.
56 Steiner, R.: GA 312 Geisteswissenschaft und Medizin, 31.3.1920.
57 Steiner, R.: GA 201 Entsprechungen zwischen Mikrokosmos und Makrokosmos. Der Mensch – eine Hieroglyphe des Weltalls, 25.4.1920.
58 Köbberling, J.: Der Wissenschaft verpflichtet. Medizinische Klinik 92 (1997), 181–189.
59 Steiner, R., Wegman I: GA 27 Grundlegendes für eine Erweiterung der Heilkunst nach geisteswissenschaftlichen Gesichtspunkten, Kap XIX, 8. Fall.
60 Steiner, R.: GA 45 Anthroposophie. Ein Fragment aus dem Jahre 1910.
61 Soesman, A.: Die zwölf Sinne. Tore der Seele. Freies Geistesleben Stuttgart 1998.
62 Fintelmann, V.: Intuitive Medizin. Haug Stuttgart 2016, S. 68–77.
63 Steiner, R.: GA 99 Theosophie des Rosenkreuzers, 31.5.1907.
63a Fintelmann, V.: Das Herz als Sinnesorgan. Gesundheit aktiv Berlin 2017.
64 Fintelmann, V.: Intuitive Medizin, Haug Stuttgart 2016, S. 130–136.
65 Lewis, C. S.: Dienstanweisung an einen Unterteufel. Kösel München 1981.
66 Alexander, E.: Blick in die Ewigkeit. Ansata München 2012.

67 Illich, I.: Die Enteignung der Gesundheit. Rowohlt Reinbek 1975, S. 84.
68 Morgenstern, Chr.: Melancholie, Einkehr und andere Dichtungen. Piper München 1982.
69 Steiner, R.: GA 9 Theosophie. Das Wesen des Menschen. Kap. IV.
70 Steiner, R.: GA 316 (S. 6), 8.1.1924.
71 Fintelmann, V.: Intuitive Medizin, Haug Stuttgart 2016, 262–265.
72 Steiner, R.: GA 114 Das Lukas-Evangelium, 25.9.1909.
73 Steiner, R.: GA 201 Entsprechungen zwischen Mikrokosmos und Makrokosmos. 16.5.1920.
74 Fichte, I. H.: Anthropologie, die Lehre von der menschlichen Seele, begründet auf naturwissenschaftlichem Wege. Leipzig 1856, § 270.
75 Steiner, R.: GA 9 Theosophie, Einleitung.
76 Steiner, R.: GA 8 Das Christentum als mystische Tatsache. Kap. „Das Lazaruswunder".
77 Steiner, R.: GA 103 Das Johannes-Evangelium, 18.5.1908.
78 Paracelsus: Das Mahl des Herrn und Auslegung des Vaterunsers. Herausgegeben von G. J. Deggeller. Hybernia Dornach 1950.
79 Ogilvie, H.: Das neue Testament. Urachhaus Stuttgart 1996.
80 Tolkien, J. R. R.: Das Silmarillion. Klett-Cotta 1977.
81 Steiner, R.: GA 13 Die Geheimwissenschaft im Umriss.
82 Grimms Märchen „Der Gevatter Tod".
83 Steffen, A.: Tagebücher, 9. 8. 1909. In: Therapeutische Dichtung. Hinweise und Studien. 11. Heft, Albert Steffen Stiftung Dornach 1976, S. 28.
84 1. Brief an die Korinther 15, 55.
85 Steiner, R.: GA 103 Das Johannes-Evangelium. 20.5.1908.
86 Steiner, R.: GA 103 Das Johannes-Evangelium. 19.5.1908.
87 Steiner, R.: GA 4 Philosophie der Freiheit. Kap. XII.
88 Morgenstern, Chr.: Wir fanden einen Pfad. Piper München 1949, S. 41.
89 Steiner, R.: GA 149 Die Suche nach dem heiligen Gral. 28.12.1913.
90 Gandhi, M.: Die leise Stille. In: Aus der Stille steigt die Kraft zum Kampf. Herder Freiburg 1990.
91 Fintelmann, V.: Intuitive Medizin. Haug Stuttgart 2016, 6. Auflage.
92 Vademecum Anthroposophische Arzneimittel. Supplement: Der Merkurstab, 66. Jahrgang 2013.
93 Steiner, R.: GA 318 Pastoralmedizinscher Kurs, 18.9.1924.
94 Steiner, R.: GA 316 (S. 6), 5.1.1924.
95 Steiner, R.: GA 21 Von Seelenrätseln. Die physischen und die geistigen Abhängigkeiten der Menschenwesenheit.

96 Fintelmann, V.: Intuitive Medizin. Haug Stuttgart 2016, S. 279–280.
97 Fintelmann, V.: Intuitive Medizin. Haug Stuttgart 2016, S. 273–274.
98 Fintelmann, V.: Intuitive Medizin. Haug Stuttgart 2016, S. 275.
99 (beispielhaft) Meyer, U., Pedersen, P. A.: Anthroposophische Pharmazie. Salumed Berlin 2016.
100 Steiner, R.: GA 182 Der Tod als Lebenswandlung. 29.4.1918.
101 Steiner, R.: GA 327 Geisteswissenschaftliche Grundlagen zum Gedeihen der Landwirtschaft. 12.6.1924.
102 Steiner, R.: GA 318 (S. 1), 8.9.1924.
103 Steiner, R.: GA 316 (S. 6), 24.4.1924.
104 Steiner, R.: GA 316 (S. 6), 8.1.1924.
105 Steiner, R.: GA 229 Das Miterleben des Jahreslaufes in vier kosmischen Imaginationen. 7. und 13.10.1923.
106 Steiner, R.: GA 316 (S. 6), 24.4.1924.
107 Fintelmann, V. (Hrg): Carl Gustav Carus. Johannes M. Mayer Verlag Stuttgart 2007.
108 Carus, C. G.: Lebenserinnerungen und Denkwürdigkeiten. Kiepenheuer Weimar 1969.
109 Steiner, R.: GA 114 Das Lukas-Evangelium.
110 Steiner, R.: GA 10 Wie erlangt man Erkenntnisse der höheren Welten? „Über einige Wirkungen der Einweihung".
111 Steiner, R.: GA 2 Grundlinien einer Erkenntnistheorie der Goetheschen Weltanschauung mit besonderer Rücksicht auf Schiller.
112 Steiner, R.: GA 316 (S. 6), 9.1.1924.
113 Steiner, R.: GA 316 (S. 6), 24.4.1924.
114 Steiner, R.: GA 314 Physiologisch-Therapeutisches auf der Grundlage der Geisteswissenschaft. 27.10.1922.
115 Bindel, E.: Die geistigen Grundlagen der Zahlen. Freies Geistesleben Stuttgart 2003.
116 Steiner, R.: GA 316 (S. 6), 24.4.1924.
117 Steiner, R.: GA 316 (S. 6), 7.1.1924.
118 Maio, G.: Geschäftsmodell Gesundheit. Suhrkamp Berlin 2014.
119 Moltmann, J.: Mensch. Christliche Anthropologie in den Konflikten der Gegenwart. Kreuz Stuttgart 1971, S. 65f.
120 Steiner, R.: GA 4 Die Philosophie der Freiheit, Kap. IV.
121 Steiner, R.: GA 9 Theosophie. Das Wesen des Menschen. Kap. IV.
122 Steiner, R.: GA 4 Philosophie der Freiheit.
123 Steiner, R.: GA 158 Die Welt als Ergebnis von Gleichgewichtswirkungen. 20., 21. und 22.11.1914.
124 Steiner, R.: GA 221 Erdenwissen und Himmelserkenntnis, 11.2.1923.

125 Steiner, R., Wegman I: GA 27 Grundlegendes für eine Erweiterung der Heilkunst. Kap. II.
126 Fintelmann, V.: Intuitive Medizin. Haug Stuttgart 2016, S. 47–50.
127 Steiner, R.: GA 208 Anthroposophie als Kosmosophie. Band 2, 29.10.1921.
128 Steiner, R.: GA 9 Theosophie. Das Wesen des Menschen. Kap. IV.
129 Steiner, R.: GA 312 Geisteswissenschaft und Medizin, 31.3.1920.
130 Fintelmann, V.: Intuitive Medizin. Haug Stuttgart 2016, S. 162–166.
131 Steiner, R.: GA 28 Mein Lebensgang. Kap. VI.
132 Steiner, R.: GA 317 Heilpädagogischer Kurs.
133 Steiner, R.: GA 55 Die Erkenntnis des Übersinnlichen in unserer Zeit und deren Bedeutung für das heutige Leben.
134 Steiner, R.: GA 56 Die Erkenntnisse der Seele und des Geistes.
Steiner, R.: GA 99 Die Theosophie des Rosenkreuzers.
Steiner, R.: GA 120 Die Offenbarungen des Karma.
135 Steiner, R.: GA 128 Eine okkulte Physiologie.
136 Steiner, R.: GA 318 (S. 1), 12.9.1924.
137 Selg, P.: Helene von Grunelius und Rudolf Steiners Kurs für junge Mediziner. Eine biographische Studie. Ita Wegman Institut Dornach 2003.
138 Steiner, R.: GA 316 Meditative Betrachtungen und Anleitungen zur Vertiefung der Heilkunst (sog. Jungmedizinerkurs).
139 Steiner, R.: GA 334 Vom Einheitsstaat zum dreigliedrigen sozialen Organismus. 6.1.1920.
140 Steiner, R.: GA 312 Geisteswissenschaft und Medizin.
141 Steiner, R.: GA 211 Das Sonnenmysterium und das Mysterium von Auferstehung und Tod. 11.6.1922.

Weitere Bücher von Volker Fintelmann beim Mayer- und Info3-Verlag

Onkologie auf anthroposophischer Grundlage

Band 1
V. Fintelmann, M. Treichler (Hg.)
Zum Verständnis der Krebskrankheit
Buchauflage 2014
238 Seiten, Broschur, ISBN 978-3-95779-013-2

Band 2
V. Fintelmann, M. Treichler (Hg.)
Die Mistel als Krebsheilmittel
Buchauflage 2014
238 Seiten, Broschur, ISBN 978-3-95779-014-9

Band 3
M. Treichler, V. Fintelmann (Hg.)
Begleitende Therapien in der Krebsbehandlung
Buchauflage 2015
286 Seiten, Broschur, ISBN 978-3-95779-015-6

Band 4
Gunver Sophia Kienle, Markus Treichler, Volker Fintelmann (Hg.)
Methodologie und Wirksamkeitsnachweis der anthroposophischen Krebstherapie Kasuistik und Übersicht klinischer Studien
Buchauflage 2016
238 Seiten, Broschur, ISBN 978-3-95779-016-3

Volker Fintelmann
Carl Gustav Carus
Begründer einer spirituellen Medizin und ihre Bedeutung für das 21. Jahrhundert
1. Auflage 2007
172 Seiten, 16 farbige Abbildungen, Klappenbroschur
ISBN 978-3-932386-78-7

Volker Fintelmann
Quo vadis?
Medizin am Scheideweg
1. Auflage 2000
220 Seiten, gebunden
ISBN 978-3-932386-28-2

Volker Fintelmann
Schlaf und Schlafstörungen
Ein Problem unserer Zivilisation – Therapie und Prophylaxe
1. Auflage 1999
80 Seiten, Broschur
ISBN 978-3-932386-24-4

Markus Wiesenauer, Volker Fintelmann
Homöopathie – Naturheilverfahren – Anthroposophische Medizin
1. Auflage 1999
124 Seiten, Broschur
ISBN 978-3-932386-17-6

Aus der Arbeit der Carl Gustav Carus Akademie

Eva-Marie Batschko, Susanne Dengler
Praxisbuch der Rhythmischen Massage nach Ita Wegman
Zeichnungen von Nadja Holland
1. Auflage 2011
96 Seiten, 105 zweifarbige Abbildungen, Broschur
ISBN 978-3-86783-018-8

Eva-Marie Batschko
Einführung in die Rhythmischen Einreibungen
Nach Wegman/Hauschka
Zeichnungen von Nadja Holland
2. vollständig überarbeitete Neuauflage 2011
148 Seiten, Broschur
ISBN 978-3-932386-73-2

Sonstige Titel aus dem Info3-Verlag

Silke Kirch
Das Murmeln der Auguste Deter
Oder: Was ist die Kunst im Umgang mit Demenz?
1. Auflage 2015, 168 Seiten, Klappenbroschur
ISBN 978-3-95779-021-7

Barbara Oehl-Jaschkowitz
Manche Angst in Zuversicht verwandelt
Eltern von Kindern mit Behinderung erzählen
Mit Fotografien von Charlotte Fischer
1. Auflage 2015, 136 Seiten, Klappenbroschur
ISBN 978-3-95779-028-6

Frank Meyer
Das Geheimnis der Metalle
Vom Mythos zur praktischen Anwendung in der Anthroposophischen Medizin. Mit zahlreichen praktischen Anwendungsbeispielen!
2. Auflage 2016, 136 Seiten, Klappenbroschur
ISBN 978-3-95779-043-9

Olaf Koob
Wenn die Organe sprechen könnten
Grundlagen der leiblich-seelischen Gesundheit
6. ergänzte und erweiterte Auflage 2016
232 Seiten, Broschur
ISBN 978-3-95779-045-3

Weitere Buchtitel unter www.info3-verlag.de

INFO3 VERLAG

Info3-Verlag
Kirchgartenstr. 1 – 60439 Frankfurt
Tel. 069-58 46 47 – Fax 069-58 46 16
Mail: vertrieb@info3.de
Web: www.info3-verlag.de